SUPERVISER DES EMPLOYÉS

Les Éditions Transcontinental
1100, boul. René-Lévesque Ouest, 24ᵉ étage
Montréal (Québec) H3B 4X9
Téléphone : 514 392-9000 ou 1 800 361-5479
www.livres.transcontinental.ca

Pour connaître nos autres titres, consultez le www.livres.transcontinental.ca. Pour bénéficier de nos tarifs spéciaux s'appliquant aux bibliothèques d'entreprise ou aux achats en gros, informez-vous au 1 866 800-2500.

Catalogage avant publication de Bibliothèque et Archives nationales du Québec
et Bibliothèque et Archives Canada
Robbins, Stephen P., 1943-
Superviser des employés
Traduction de: The Truth about Managing People

ISBN 978-2-89472-393-7

1. Personnel - Supervision. 2. Comportement organisationnel. 3. Personnel - Direction.
I. Titre.

HF5549.12.R6214 2009   658.3'02   C2008-942523-5

Correction: Lyne M. Roy
Mise en pages : Centre de production partagé de Montréal, Médias Transcontinental
Conception graphique de la couverture: Studio Andrée Robillard
Impression: Transcontinental Gagné

Authorized translation from the English language edition, entitled TRUTH ABOUT MANAGING PEOPLE, THE, 2nd Edition by Stephen Robbins, published by Pearson Education, Inc, publishing as FT Press, Copyright © 2008 by Pearson Education, Inc.

L'édition originale de cet ouvrage a été publiée en anglais par FT Press, une division de Pearson Education, Inc., sous le titre THE TRUTH ABOUT MANAGING PEOPLE © 2008 by Pearson Education, Inc.

Imprimé au Canada
© Les Éditions Transcontinental, 2009, pour la version française publiée en Amérique du Nord
Dépôt légal – Bibliothèque et Archives nationales du Québec, 1ᵉʳ trimestre 2009
Bibliothèque et Archives Canada

Nous reconnaissons, pour nos activités d'édition, l'aide financière du gouvernement du Canada par l'entremise du Programme d'aide au développement de l'industrie de l'édition (PADIÉ). Nous remercions également la SODEC de son appui financier (programmes Aide à l'édition et Aide à la promotion).

Les Éditions Transcontinental sont membres de l'Association nationale des éditeurs de livres (ANEL).

Stephen P. Robbins

SUPERVISER DES EMPLOYÉS

Traduit de l'américain par Guy Patenaude

Les Éditions
Transcontinental

Pour mon épouse, Laura

TABLE DES MATIÈRES

Les gestionnaires sont submergés par les conseils d'experts, de professeurs, de journalistes et de gourous de toutes sortes sur les façons de gérer leur personnel. Bien sûr, ces conseils sont souvent intéressants et utiles. Toutefois, ils sont la plupart du temps d'ordre trop général, ou alors ils sont ambigus, contradictoires et superficiels. Certains sont franchement mauvais. Quelle que soit la valeur de ces conseils, leur popularité ne se dément pas, au contraire. Dans les listes de best-sellers d'ouvrages généraux, les livres sur les affaires et la gestion sont aussi nombreux que ceux sur la sexualité, l'autoapprentissage ou la perte de poids.

J'enseigne la gestion du personnel et j'écris sur ce sujet depuis plus de 35 ans. Au fil des ans, j'ai lu plus de 25 000 recherches et études sur les comportements humains. Mes amis gestionnaires sont souvent critiques envers ces recherches et envers la théorie, mais ces mêmes recherches nous ont fourni de nombreux enseignements sur les comportements humains. Malheureusement, il n'y avait à ce jour aucun ouvrage qui faisait la synthèse de ces études en évitant le jargon des spécialistes et avec l'objectif d'expliquer aux gestionnaires ce qui fonctionne réellement et ce qui ne fonctionne pas en matière de gestion de personnel. J'ai écrit ce livre pour combler cette lacune.

J'ai organisé le contenu de ce livre en retenant de grandes problématiques liées à des comportements-clés : l'embauche, la motivation, le leadership, la communication, l'esprit d'équipe, la gestion des conflits, la description de tâches, l'évaluation du rendement et l'adaptation au changement. Pour chacune de ces problématiques, j'ai identifié une série d'éléments pertinents au travail des gestionnaires et pour lesquels la recherche est suffisamment étoffée. De plus, je fais des suggestions pour mettre en pratique ces conseils et devenir un gestionnaire plus efficace. À la toute fin du livre, j'ai indiqué mes références pour chacun des chapitres.

À qui s'adresse ce livre ? Tout simplement aux gestionnaires et à ceux qui aspirent à le devenir. J'ai écrit ce livre parce que je crois fermement qu'il n'est pas nécessaire de lire les ouvrages savants portant sur les ressources humaines ou sur le comportement organisationnel pour savoir comment, dans la pratique quotidienne, gérer le personnel. Tout comme il n'est pas nécessaire de suivre un cours de perfectionnement des cadres dans une université prestigieuse pour savoir concrètement de quoi il en retourne. Ce que vous retirerez de ce livre dépend de vos connaissances en matière de comportement organisationnel. Ceux qui viennent tout juste de terminer un MBA y trouveront un résumé des enseignements qu'ils ont mis des mois à assimiler. Ils n'y trouveront pas de théories sophistiquées ni les noms des grands chercheurs dans le domaine, mais plutôt une interprétation juste des enseignements de la recherche. Quant à ceux qui ne se tiennent pas informés des recherches récentes en matière de comportement organisationnel ou qui n'ont pas reçu une formation universitaire poussée, ils y découvriront un nouvel éclairage sur les aspects pratiques de la gestion du personnel.

Chacun des 53 thèmes abordés dans ce livre fait l'objet d'un court chapitre, et chaque chapitre est, pour l'essentiel, indépendant des autres. On peut donc les lire dans n'importe quel ordre. Mieux : il n'est pas nécessaire de tout lire d'un seul trait. En effet, ce livre a été écrit en vue de favoriser des lectures multiples et ponctuelles. On peut lire quelques chapitres, ranger le livre, puis en reprendre la lecture plus tard. Il n'y pas de trame continue.

Permettez-moi de conclure cette préface par une évidence : un livre est le résultat d'un travail collectif. S'il n'y a qu'un nom sur la page couverture, plusieurs personnes ont contribué à sa publication et forment une équipe. Cette équipe comprend Tim Moore, Jennifer Simon, Lori Lyons, Karen Gill, San Dee Phillips et Gloria Schurick.

Stephen P. Robbins

VÉRITÉ

1

Ce n'est pas le caractère qui compte, c'est le comportement.

Vous rencontrez des candidats en entrevue pour pourvoir un poste au sein de votre entreprise. Que devez-vous rechercher chez les candidats ?

Comme de nombreux gestionnaires, vous répondrez probablement que vous êtes à la recherche d'une personne qui est assidue, qui est persévérante, qui a confiance en elle et qui est fiable. Vous vous dites qu'avec ces qualités, vous ne pouvez pas vous tromper. Et pourtant, oui, vous pouvez faire fausse route ! Les traits de caractère d'une personne ne constituent pas nécessairement un bon indice de son rendement.

La plupart d'entre nous sommes fermement convaincus que c'est la personnalité d'un être humain qui détermine son comportement. Nous sommes bien prêts à reconnaître que les gens adoptent des comportements différents

Nous avons tendance à classer les gens en fonction de leur caractère.

selon les situations, mais nous avons tendance à les classer et à les juger en fonction de leur caractère (avoir confiance en soi est une qualité, avoir un tempérament soumis constitue un défaut), et nous les évaluons en fonction de ces traits de caractère. C'est ce que font souvent les gestionnaires lorsqu'ils doivent embaucher du personnel ou lorsqu'ils évaluent leurs employés. Après tout, si les gestionnaires croyaient réellement que ce sont les situations plutôt que le caractère qui déterminent le comportement d'une personne, ils embaucheraient leurs employés au hasard et tenteraient ensuite d'organiser les situations de travail afin qu'elles correspondent aux forces de leurs employés.

Dans la plupart des organisations cependant, le processus d'embauche met l'accent principalement sur le caractère des personnes. C'est pourquoi on accorde autant d'importance à la performance des candidats durant les entrevues et des tests. Durant une entrevue, les gestionnaires tentent de déceler si le candidat possède les « qualités » d'un « bon » employé. De la même façon, les tests ont pour objectif de déterminer dans quelle mesure un candidat possède les traits de caractère d'un « bon employé ».

Or, se fier au caractère pour embaucher un employé pose deux problèmes. Premièrement, le cadre organisationnel impose des situations qui influencent grandement le comportement de l'employé. Deuxièmement,

Les comportements passés d'une personne sont le plus sûr indicateur de ses comportements futurs.

l'être humain possède une grande capacité d'adaptation, et son caractère change selon les situations qu'il rencontre dans un environnement donné. Attardons-nous à chacun de ces deux points.

Lorsque l'environnement situationnel est peu contraignant, il est vrai que le caractère joue un rôle important dans le comportement d'une personne, mais lorsque l'environnement situationnel est plus rigide, le comportement est beaucoup moins déterminé par le caractère. Au sein d'une organisation, l'environnement situationnel est rigide. Il impose ses règles, ses contraintes formelles qui déterminent quels comportements sont acceptables et quels comportements sont déviants, et il comporte aussi ses normes informelles qui dictent les comportements appropriés. Ces contraintes, qu'elles soient formelles ou informelles, freinent l'expression des traits de caractère. Une activité peu contraignante, comme un pique-nique, une fête ou une autre situation informelle, au contraire, favorise l'expression des traits de caractère qui, alors, influencent le comportement.

Si la personnalité change peu au fil des ans, les recherches démontrent de plus en plus que le caractère d'une personne est modelé par les organisations auxquelles elle participe. Aussi, chacun de nous évolue au sein de plusieurs organisations (notre employeur, mais aussi un groupe communautaire ou religieux, un club social ou sportif ou encore un parti politique), chacune nous mettant en contact avec divers types de personnes et de situations. Bref, nous ne sommes pas confinés à un cadre unique. Nous pouvons donc, et nous n'y manquons pas, adapter nos comportements aux exigences qu'imposent les divers cadres dans lesquels nous évoluons.

Si les traits de caractère ne constituent pas un indicateur fiable des comportements futurs, à quoi les gestionnaires doivent-ils alors se fier? La réponse est simple: aux comportements passés! Les comportements passés d'une personne sont le plus sûr indicateur de ses comportements futurs. Ainsi, lorsque vous recevez un candidat en entrevue, posez des questions sur les expériences vécues par le candidat et qui sont pertinentes au poste à pourvoir, par exemple: « Qu'avez-vous accompli dans vos emplois précédents qui démontre votre créativité? » ou encore « Dans votre plus récent emploi, qu'est-ce que vous auriez aimé accomplir de plus? Pour quelles raisons n'y êtes-vous pas parvenu? »

VÉRITÉ

Une description d'emploi honnête attire les bons candidats.

Rappelez-vous la dernière entrevue que vous avez passée pour un emploi. Comment vous a-t-on décrit le poste que vous convoitiez ? En quels termes vous a-t-on parlé de l'entreprise ? Lorsqu'ils mènent une entrevue avec des candidats, la plupart des gestionnaires ne parlent à peu près que des aspects positifs du travail. Ils insistent sur les tâches intéressantes, la camaraderie qui règne entre les employés, les possibilités d'avancement, les avantages sociaux, etc. Même s'ils sont parfaitement conscients des aspects négatifs du poste ou de l'organisation, ils prennent bien soin d'éviter d'en parler, en se disant qu'ils risqueraient de faire fuir un candidat intéressant.

Les gestionnaires qui ne mettent l'accent que sur les aspects positifs font une erreur. Ils sèment le germe d'une éventuelle déception et peut-être même d'une démission-surprise. Toutes ces heures passées à traiter des demandes d'emploi et à recevoir des candidats en entrevue auront constitué une pure perte de temps si au bout de quelques semaines ou de quelques mois, le nouvel employé quitte soudainement.

> Les gestionnaires qui ne mettent l'accent que sur les aspects positifs d'un emploi font une erreur.

Que doit faire le gestionnaire bien avisé pour éviter une telle situation ? Simplement donner l'heure juste lorsqu'il décrit le poste et présenter aux candidats autant les aspects négatifs que les aspects positifs.

Présenter à un candidat une image fortement idéalisée du poste qu'il convoite peut avoir des conséquences négatives sur toute l'organisation. Premièrement, on attire ainsi des candidats qui, en réalité, ne conviennent pas au poste et qui, rapidement désenchantés, quitteront l'entreprise alors que, si on leur avait dit la vérité, ils n'auraient simplement pas posé leur candidature. Deuxièmement, le candidat qui n'est pas informé des aspects négatifs de son futur travail développera des attentes irréalistes. S'il obtient l'emploi, il sera rapidement déçu. Il retirera peu de satisfaction de son travail et quittera rapidement l'entreprise. Enfin, le nouvel employé qui est confronté sans y être préparé aux aspects négatifs de son travail perdra ses illusions et il sera donc moins dévoué envers l'entreprise. Personne n'aime avoir l'impression qu'on l'a piégé ou induit en erreur.

Une bonne description de l'emploi présente un équilibre entre les aspects positifs et négatifs. Ainsi, en plus de mettre en évidence les aspects positifs, le gestionnaire doit également, par exemple, expliquer que les occasions de discuter avec ses collègues sont rares ou que la charge de travail est telle qu'il y a

> Il est plus facile de retenir les nouveaux employés si, dès le départ, ils ont une idée juste de ce qui les attend.

souvent des périodes de surcharge qui occasionnent un stress considérable chez les employés. Anousheh Ansari, directrice de l'exploitation chez Telecom Technologies, prône une telle description réaliste. Elle explique qu'en entrevue, elle trace volontairement un portrait sombre du poste et tente même d'effrayer le candidat, en mentionnant par exemple qu'il devra fréquemment travailler de dix à douze heures par jour. «Certains prennent leurs jambes à leur cou, mais ceux qui restent sont véritablement déterminés et prêts à mettre les efforts pour réussir», dit-elle.

De nombreuses recherches indiquent que ceux à qui on a donné l'heure juste quant au poste qu'ils s'apprêtaient à occuper ont des attentes moins grandes, mais plus réalistes, et ils sont ainsi mieux préparés à relever les défis et à composer avec les frustrations inhérentes au poste. Ceux-là sont moins susceptibles de quitter leur emploi précipitamment. En ne présentant que les aspects positifs, on séduit peut-être un candidat et on l'incite à accepter le poste, mais le «mariage» risque alors d'être de courte durée.

VÉRITÉ

3

Une bonne entrevue demande de la préparation.

Très peu de gens sont embauchés sans qu'on leur fasse passer une entrevue. L'entrevue est en effet le moyen le plus couramment utilisé pour départager les candidats à un poste. C'est un moyen auquel on accorde beaucoup d'importance, et même une importance démesurée dans la prise de décision d'embauche.

Savoir mener une entrevue ne doit pas être uniquement le fait des recruteurs professionnels ou des spécialistes des ressources humaines de l'entreprise. Tout gestionnaire participe au processus d'embauche des employés de son service et doit dès lors savoir mener efficacement des entrevues.

Que faire pour être plus efficace dans la conduite des entrevues ? Voici quelques conseils utiles, tirés d'une recherche abondante.

D'abord, avant de rencontrer le candidat, lisez attentivement le formulaire de demande d'emploi qu'il a rempli ainsi que son curriculum vitæ. Revoyez également la description du poste à pourvoir. Puis, établissez le

Tout gestionnaire doit savoir mener efficacement des entrevues.

synopsis de l'entrevue, c'est-à-dire une séquence de questions qui sera la même pour tous les candidats que vous rencontrerez en vue de pourvoir un même poste. Formulez les questions de façon qu'on ne puisse y répondre simplement par « oui » ou par « non ». Évitez aussi les formulations qui suggèrent des pistes de réponse (p. ex. : « Diriez-vous que vous avez de bonnes capacités en matière de relations interpersonnelles ? »). De plus, sachez qu'en vertu de la Charte canadienne des droits et libertés, il est interdit de poser des questions qui pourraient être perçues comme étant discriminatoires, notamment sur la race, l'origine nationale ou ethnique, la couleur, la religion, le sexe, l'âge ou les déficiences mentales ou physiques, à moins que vous puissiez démontrer hors de tout doute que ces renseignements ont une incidence sur la qualité du travail que l'employé devra accomplir. Ainsi, plutôt que de demander à un candidat s'il a des enfants, vous pouvez lui demander si quelque chose pourrait l'empêcher de faire des heures supplémentaires plusieurs fois par mois.

Vous devez poser les mêmes questions à tous les candidats.

Lorsque vous rencontrez le candidat, soyez conscient qu'il est fort probablement nerveux, peut-être même anxieux. Tentez de le mettre à l'aise. Présentez-vous, soyez amical. Amorcez l'entrevue par quelques questions ou commentaires anodins qui vous permettront de rompre la glace. Puis, précisez les sujets que vous entendez aborder durant l'entrevue ainsi que la durée de celle-ci. Demandez au candidat s'il a des questions.

L'entrevue se fera sous forme de questions et d'échanges. Les questions que vous aurez préparées vous serviront de guide. Assurez-vous que vous abordez tous les sujets. Les réponses du candidat appelleront des questions d'approfondissement. Celles-ci vous permettent d'en apprendre plus sur ce que pense le candidat. Si vous estimez que ses réponses sont superficielles ou insatisfaisantes, invitez le candidat à préciser sa pensée : « Pourriez-vous être plus précis sur cette question ? » ou encore « Vous dites que vous êtes prêt à faire des heures supplémentaires à l'occasion. Pourriez-vous me dire dans quelles circonstances vous seriez disposé à le faire ? » Si le candidat ne répond pas directement à la question, reprenez celle-ci en la formulant différemment. Surtout, ne sous-estimez pas l'importance des silences. Lorsque le candidat termine sa réponse à une question, faites une pause de quelques secondes. Votre silence incitera le candidat à préciser sa pensée.

Lorsque vous avez posé toutes les questions et que vous avez abordé tous les sujets désirés, il est temps de conclure. Informez-en le candidat : « Je pense que nous avons abordé tous les sujets. Est-ce que vous avez d'autres questions sur le poste ou sur notre entreprise ? » Puis, informez le candidat de la suite du processus : quand il peut s'attendre à recevoir une réponse, si cette réponse lui sera transmise par la poste, par courriel ou par téléphone, si une deuxième ronde d'entrevues est prévue, etc.

Une fois l'entrevue terminée et lorsque le candidat est parti, écrivez vos commentaires et votre évaluation pendant que le tout est encore frais à votre mémoire ; prenez le temps de revoir vos notes et d'évaluer les réponses données par le candidat.

VÉRITÉ

4

Dans le doute, privilégiez le candidat le plus intelligent.

Peu de sujets de discussion suscitent autant la controverse que l'intelligence. Ce sujet appelle souvent des opinions tranchées. Les questions sont nombreuses : on se demande si les tests de quotient intellectuel constituent une mesure juste de l'intelligence, si l'intelligence est innée ou acquise, si les gens qui ont une intelligence supérieure réussissent mieux que les autres.

Nous nous intéressons à la relation entre l'intelligence et le rendement au travail et nous nous posons cette question : les gens qui ont une intelligence supérieure sont-ils plus performants que les autres ?

Les employés les plus intelligents sont généralement les plus efficaces.

Évidemment, tout le monde a son opinion sur le sujet, mais une opinion vaut ce qu'elle vaut. Il faut plutôt rechercher les faits. Au-delà des arguments purement techniques, les faits sont plutôt éloquents. Ainsi : 1) il y a une étroite corrélation entre les résultats aux tests de quotient intellectuel et la définition que la plupart des gens donnent de l'intelligence ; 2) les résultats aux tests de quotient intellectuel sont relativement stables tout au long de la vie d'une personne ; 3) lorsqu'ils sont bien menés, les tests de quotient intellectuel ne révèlent aucune distorsion relativement aux groupes sociaux, économiques, ethniques ou raciaux ; et 4) les employés les plus intelligents sont généralement les plus efficaces. Ces conclusions peuvent heurter les convictions de certains lecteurs, mais elles s'appuient sur des recherches solides.

Tout travail requiert une certaine dose d'intelligence et certaines habiletés cognitives. Tout travail, quel qu'il soit, exige une part de raisonnement et la capacité de prendre des décisions. Il existe une forte corrélation entre un quotient intellectuel élevé et le niveau de performance dans des emplois qui exigent une bonne capacité d'adaptation à la nouveauté et au changement, dans des professions qui requièrent une capacité d'interprétation ou une grande polyvalence, comme c'est le cas des comptables, des ingénieurs, des scientifiques ou des médecins. Aussi le quotient intellectuel constitue-t-il un bon indicateur de performance dans des tâches moyennement complexes, comme celles qu'effectuent les corps de métiers, les employés administratifs ou les policiers. Le quotient intellectuel est toutefois un indicateur moins précis dans le cas des emplois non spécialisés qui ne comportent que des décisions de routine ou n'exigent que la capacité de résoudre des problèmes très simples.

Tout travail requiert une certaine dose d'intelligence et certaines habiletés cognitives.

De toute évidence, l'intelligence n'est pas le seul facteur qui détermine la performance au travail, mais il s'agit généralement du facteur le plus important. Elle est, en fait, un meilleur indicateur prévisionnel que peuvent l'être l'entrevue, les références d'emploi ou le relevé de notes du collège. Malheureusement, la part très importante de l'hérédité dans l'intelligence — probablement que l'hérédité compte pour 70 % de l'intelligence — fait en sorte que toute cette question peut porter à controverse. Certaines personnes ont du mal à accepter l'idée que le quotient intellectuel moyen peut varier d'un groupe racial à l'autre ou qu'il peut être associé à des différences socio-économiques. Certains affirment aussi que les tests de quotient intellectuel sont discriminatoires et qu'on ne devrait donc pas y avoir recours. Cela est malheureux parce que toutes les recherches confirment que les tests de quotient intellectuel ne sont pas biaisés contre des groupes particuliers, même pour les éléments des tests qui sont indépendants de la volonté de la personne évaluée.

En conclusion, prenons une image : ce n'est pas toujours le plus rapide ou le plus fort qui remporte la course, mais c'est toujours sur ceux-là qu'on parie ! Si vous avez le choix entre deux candidats qui, sur tous les autres plans, se valent, choisissez le plus intelligent.

VÉRITÉ

5

Les références d'emploi valent ce qu'elles valent...

Les références d'emploi sont de deux types : celles qui proviennent d'anciens employeurs et celles qui proviennent de relations personnelles. Les références d'anciens employeurs peuvent être utiles dans le processus de sélection. Malheureusement, elles sont de plus en plus difficiles à obtenir. Les références personnelles, par ailleurs, sont faciles à obtenir, mais elles n'ont aucune valeur.

Comme nous l'avons vu plus tôt, ce n'est pas le caractère d'un candidat qui compte, mais son comportement, et les comportements passés constituent le meilleur indicateur prévisionnel. Ainsi, tout renseignement pertinent et fiable

> Il est facile d'obtenir des références personnelles, mais celles-ci n'ont à peu près aucune valeur.

sur l'expérience de travail antérieure d'un candidat peut être précieux dans l'évaluation de celui-ci. Malheureusement, craignant les poursuites, les employeurs sont de plus en plus réticents à fournir autre chose que des renseignements très généraux. Souvent, la référence n'indique que le titre du poste occupé par le candidat et les dates de son entrée en fonction et de son départ. Il est donc extrêmement difficile d'obtenir les renseignements les plus pertinents : ceux qui concernent le rendement passé du candidat.

Par ailleurs, les références des anciens employeurs font rarement état d'une évaluation défavorable. Si tous les renseignements auxquels vous avez accès sur les divers candidats sont uniquement positifs, il n'est pas facile alors de départager ceux-ci. Vous pouvez toutefois obtenir une évaluation fiable qui vous sera utile dans votre décision d'embauche si vous parvenez à parler à un ancien employeur qui pourra spontanément mettre en évidence les forces et les faiblesses d'un candidat.

On doit considérer un autre élément relativement aux références d'emploi. Même si vous obtenez des renseignements pertinents sur la performance passée d'un candidat, vous devez prendre en considération les différences qui peuvent exister entre l'emploi occupé par le candidat et le poste à pourvoir. Le rendement antérieur dans un emploi donné — qu'il ait été satisfaisant ou non — n'est pas

Les références d'anciens employeurs renferment rarement des opinions défavorables.

nécessairement garant du rendement à venir dans un autre emploi. De nombreux facteurs externes spécifiques à un emploi peuvent influer sur la performance. L'employé disposera-t-il de ressources comparables à celles dont il bénéficiait dans son emploi précédent ? Ses collègues et ses subalternes ont-ils un même niveau de compétence ? Votre entreprise et l'employeur précédent utilisent-ils les mêmes critères pour l'évaluation des employés ? Si ce n'est pas le cas, la fiabilité de l'évaluation du travail antérieur s'en trouve réduite.

Plusieurs employeurs demandent aux candidats de fournir des références personnelles. Je n'en vois vraiment pas l'utilité. Ces références ne vous aideront pas à identifier les candidats performants. En réalité, nous avons tous des amis prêts à dire ou à écrire plein de belles choses sur notre compte. Tout candidat pourra vous soumettre au moins trois références personnelles soulignant sa grande ambition, sa détermination, son souci du travail bien fait, sa capacité à travailler en équipe et autres qualités du genre, mais quelle est l'importance réelle de ces références dans le processus de sélection ? Aucune.

Cela ne signifie pas que vous devez renoncer à vérifier le passé des candidats. Vous devez toujours faire des vérifications relativement à leurs diplômes et à leur formation. Vous devez aussi vérifier auprès des employeurs précédents les dates de début et de fin d'emploi ainsi que les responsabilités du poste qu'occupait votre futur employé. Et si des questions d'argent ou de sécurité sont liées au poste à pourvoir, il serait normal de vérifier si le candidat a un casier judiciaire.

VÉRITÉ

6

La conscience professionnelle est une valeur sûre.

Chaque être humain possède sa personnalité propre. Certaines personnes sont posées et semblent passives ; d'autres sont plus extraverties et actives. Certaines personnes sont calmes, d'autres sont tendues.

La recherche a permis de dégager les cinq grands paramètres de la personnalité :

■ **Extraversion** — Facile d'approche et sociable ou plutôt réservé et timide.

■ **Entregent** — D'une nature agréable (coopérative, confiante) ou plutôt désagréable (maussade, antagonique).

■ **Conscience professionnelle** — Sens des responsabilités et de l'organisation ou peu fiable et désorganisé.

■ **Stabilité émotive** — Calme et confiance en soi ou anxiété et insécurité.

■ **Ouverture d'esprit** — Ouverture aux nouvelles expériences et curiosité d'esprit ou fermeture et peur de la nouveauté.

De nombreuses études ont porté sur la relation entre ces cinq paramètres et la performance au travail. Ces études ont montré que seule la conscience professionnelle est directement liée à la performance au travail. Elle constitue un indicateur de performance fiable dans un grand nombre d'emplois, que ce soit des emplois de professionnel (ingénieur, comptable, avocat), de policier, de vendeur ou des emplois semi-spécialisés. Les personnes qui démontrent une grande conscience professionnelle sont fiables, dignes de confiance, minutieuses ; elles vont au fond des choses, savent planifier, sont organisées, dures à la tâche, persévérantes et axées vers le rendement. Dans la plupart des emplois, les gens qui possèdent ces qualités sont plus susceptibles d'offrir une bonne performance.

Bien que cela semble en contradiction avec ce que nous affirmions au tout début de ce livre, à savoir que ce n'est pas le caractère qui compte, mais le comportement, si vous deviez vous fier à un seul paramètre de la personnalité pour embaucher un candidat qui atteindra un haut niveau de performance, choisissez celui qui a une grande conscience professionnelle. Cela ne signifie toutefois pas qu'une personne ayant un autre type de personnalité ne fera pas l'affaire dans certains types d'emplois. Ainsi, il est évident qu'une personnalité extravertie convient à un emploi de gestionnaire ou de vendeur, qui exige une grande interaction sur le plan social.

Certains pourraient se surprendre que la stabilité émotive ne soit pas associée à la performance au travail.

Lorsqu'ils obtiennent un emploi, les gens émotivement instables ne le conservent généralement pas très longtemps.

On pourrait penser que les gens qui ont une grande stabilité émotive seraient plus performants que ceux qui sont anxieux ou qui manquent de confiance en eux. Or, les gens qui possèdent une grande stabilité émotive gardent le même emploi. Aux fins de recherche, l'échantillon de ce type de personnes est plutôt restreint. En fait, les gens qui sont instables sur le plan émotif ne sont pas ceux qu'on embauche en premier lieu et, lorsqu'ils obtiennent un emploi, ils ne le conservent généralement pas très longtemps.

VÉRITÉ

7

Un employé modèle pour
l'un est un employé à
problèmes pour l'autre.

Plusieurs gestionnaires embauchent un candidat en se fiant uniquement à ses compétences, puis ils s'aperçoivent qu'ils ont fait le mauvais choix. Bien sûr, la compétence demeure un critère de sélection fort important, mais il ne faut jamais oublier que la culture de l'entreprise compte également pour beaucoup dans le succès ou l'échec d'un nouvel employé.

L'évaluation de la performance d'un employé repose sur des éléments très subjectifs. Nos supérieurs, mais aussi nos collègues interprètent nos comportements : celui-ci a-t-il un bon esprit d'équipe ? Celle-ci prend-elle des risques inutiles ? Un tel est-il trop compétitif ?

> N'oubliez jamais que la culture de l'entreprise compte pour beaucoup dans le succès ou l'échec d'un nouvel employé.

Qu'ils soient positifs ou négatifs, ces commentaires sont dictés dans une large mesure par la perception que les supérieurs et les collègues ont de la capacité de l'employé à s'intégrer à l'entreprise. Une adaptation réussie influence l'évaluation de la performance par les supérieurs et les collègues.

La culture d'une entreprise s'appuie sur des valeurs fondamentales que partagent la majorité des membres de l'organisation. Par exemple, la compagnie aérienne Ryanair, en Irlande, valorise la combativité et la compétition, alors que l'entreprise américaine Johnson & Johnson mise plutôt sur l'esprit de famille, la confiance et la loyauté. On imagine donc que l'employé modèle chez Ryanair ne ressemble en rien à l'employé modèle chez Johnson & Johnson. De la même manière, la culture d'entreprise chez Wal-Mart, axée sur le prix le plus bas, n'a rien de commun avec la culture d'entreprise de Nordstrom, qui met plutôt l'accent sur la qualité du service à la clientèle. Les deux entreprises attirent donc — et valorisent — des candidats fort différents.

Comme gestionnaire, vous devez évaluer les candidats en fonction de leur capacité à intégrer la culture de votre entreprise. Vous voulez en effet embaucher des gens qui partagent les mêmes valeurs que celles qui sont mises de l'avant dans votre entreprise, ou au moins plusieurs de celles-ci. Si vous dégagez d'abord une vision claire des valeurs qui composent la culture de votre entreprise, vous serez en mesure d'identifier les candidats qui correspondent à celles-ci. Posez des questions et discutez de sujets qui vous aideront à déterminer si le candidat est créatif, s'il est capable de prendre des risques, s'il a une vue

Vous devez évaluer les candidats en fonction de leur capacité à intégrer la culture de votre entreprise.

d'ensemble des situations ou au contraire s'il s'attarde uniquement aux détails, s'il met l'accent sur les moyens ou sur la fin, s'il a l'esprit d'équipe ou s'il est individualiste, s'il est combatif et compétitif ou plutôt complaisant, s'il préfère la nouveauté au statu quo. Ce sont là, en fait, les éléments qui définissent la culture d'une organisation.

Qu'arrivera-t-il si vous embauchez des candidats qui ne correspondent pas à la culture de votre entreprise? Leur motivation sera déficiente, ils n'auront pas l'esprit d'engagement et ils seront insatisfaits tant de leur travail que de l'organisation. Leur performance sera moins élevée que d'autres employés à qui on a fixé les mêmes objectifs, mais qui, eux, ont des valeurs conformes à la culture de l'entreprise. Et, bien sûr, les employés qui sont mal adaptés à la culture de l'entreprise quittent plus rapidement que les autres. La plupart des gens perçoivent cette incompatibilité entre eux-mêmes et l'organisation et, s'ils en ont la possibilité, ils trouveront bientôt un emploi dans une entreprise mieux en mesure de les apprécier.

VÉRITÉ

8

L'intégration sociale des
p'tits nouveaux, c'est payant.

Dans l'armée, les recrues participent à un camp d'entraînement de plusieurs semaines au cours duquel elles doivent démontrer leur engagement envers l'armée. Ces recrues se familiarisent alors avec la vie militaire. Dans le monde civil, une entreprise comme Starbucks procède un peu de la même façon et organise pour ses nouveaux employés une session de formation de 24 heures afin de les familiariser avec la manière Starbucks et le jargon de l'entreprise.

Par ces camps et ces sessions de formation, l'armée et Starbucks favorisent l'intégration sociale de leurs nouveaux employés en leur inculquant la culture de l'organisation. En effet, même si l'entreprise recrute et sélectionne les bons candidats, les nouveaux employés n'adoptent pas spontanément la culture de l'organisation. Ces sessions d'intégration sociale font en sorte que des « étrangers » se sentent rapidement membres de l'équipe. Elles permettent aussi de modeler le comportement de ces employés en fonction des attentes de la direction.

Lorsque vous embauchez un nouvel employé, vous devez prendre en considération quatre facteurs pour faciliter son adaptation sociale. Vos décisions en ce sens influeront sur le comportement au travail du nouvel employé.

> Les activités d'intégration sociale font en sorte que des étrangers se sentent rapidement membres de l'équipe. Elles permettent aussi de modeler le comportement de ces employés en fonction des attentes de la direction.

Premièrement, vous devez décider si les activités d'intégration de l'employé seront des activités formelles ou informelles. Les activités formelles sont conçues en vue de l'adaptation sociale du nouvel employé et, dès lors, elles se distinguent du cadre de travail habituel. Dans l'armée ou chez Starbucks, les camps d'entraînement ou les sessions de formation sont des activités de socialisation formelles. Les activités informelles consistent plus simplement à intégrer tout de suite le nouvel employé aux activités normales liées à son emploi, sans accorder à cet employé une attention particulière.

Deuxièmement, les activités de socialisation seront-elles individuelles ou de groupe ? Dans la plupart des cas, il s'agit d'activités individuelles, mais on peut également en faire une expérience de groupe, comme c'est le cas dans un camp d'entraînement militaire.

Troisièmement, la socialisation sera-t-elle contrôlée ou laissée au hasard ? Dans le premier cas, on prévoira des modèles qui accompagneront le nouvel employé et contribueront à sa formation dans des programmes d'apprentissage ou de mentorat. Dans le second cas, on laissera le nouvel employé s'adapter de lui-même.

Enfin, on doit se demander si les efforts d'intégration sociale miseront sur les qualités et les compétences mêmes du nouvel employé ou si, au contraire, ils viseront à changer certains de ses comportements pour les rendre conformes à la culture de l'entreprise.

De façon générale, plus la direction d'une entreprise privilégie des activités formelles, de groupe, contrôlées et visant à changer certains comportements des nouveaux employés, plus grandes sont les chances que ceux-ci modifient leur perception et leurs comportements pour adopter une vision plus prévisible et conforme aux normes de l'entreprise.

À l'inverse, lorsque la socialisation se fait de façon informelle, individuelle, lorsqu'elle est laissée au hasard et qu'elle mise essentiellement sur les qualités et les compétences des nouveaux employés, ceux-ci adopteront une vision plus individualiste.

Il appartient donc aux gestionnaires de décider entre un mode de socialisation qui favorise le conformisme et l'adoption d'une vision traditionnelle et normalisée ou, au contraire, un mode qui s'appuie sur la créativité individuelle plutôt que sur les comportements uniformes.

VÉRITÉ

9

La carotte n'a rien perdu de ses attraits.

J'entends souvent des gestionnaires d'expérience se plaindre du fait qu'aujourd'hui, leurs employés ne sont plus motivés. Si c'est le cas, la faute en revient aux gestionnaires et aux organisations, et non pas aux employés! Dans un milieu de travail, le manque de motivation des employés s'explique généralement par l'une des cinq raisons suivantes : 1) la sélection des employés est déficiente ; 2) les objectifs ne sont pas clairs ; 3) le processus d'évaluation des employés est déficient ; 4) le programme de reconnaissance des employés est inadéquat ; 5) le gestionnaire est incapable de transmettre à son personnel une perception positive du processus d'évaluation et du programme de récompenses.

La motivation est fonction de la perception qu'ont les employés relativement à trois types de relations qu'ils entretiennent avec l'entreprise. Lorsque ces trois types de relations sont solides, la motivation de l'employé est forte. Par contre, si l'un des trois types de relations est déficient, l'employé s'investit moins dans son travail. Je présenterai ces trois types de relations sous forme de questions.

Premièrement, les employés croient-ils que, s'ils fournissent un effort maximal, ils seront évalués en conséquence ? Dans certaines entreprises, beaucoup d'employés estiment que ce n'est pas le cas. Bien sûr, dans certains cas, ils n'ont pas les compétences requises, c'est-à-dire que peu importe la somme d'efforts qu'ils mettront au travail, ils n'atteindront jamais un haut niveau de performance. Il est possible aussi que le mode d'évaluation des employés tienne compte de facteurs autres que simplement la somme d'efforts consentis, comme le sens de l'initiative ou la loyauté. Il est également possible que l'employé, à tort ou à raison, ait l'impression que son supérieur ne l'aime pas. Peu importe l'effort qu'il y mettra, il s'attendra à une mauvaise évaluation de son travail.

> Si les employés sont démotivés, la faute en revient aux gestionnaires et aux organisations, et non pas aux employés !

Ces trois exemples illustrent bien que le manque de motivation d'un employé peut s'expliquer par la conviction que, quelle que soit la somme de ses efforts, son travail ne sera pas reconnu à sa juste valeur.

Deuxièmement, l'employé croit-il que sa bonne performance sera récompensée ? Dans certaines entreprises, en effet, il n'y a pas une forte corrélation entre la performance des employés et le programme de reconnaissance. Cela peut être le cas, par exemple, dans les entreprises où les conditions salariales sont fixées uniquement en fonction de l'ancienneté, ou encore de la

De nombreux employés estiment que le programme de récompenses de l'entreprise n'est pas cohérent avec l'évaluation des employés.

capacité de l'employé à entretenir une bonne relation avec son supérieur. Lorsque la corrélation entre la performance et le programme de reconnaissance est faible, l'employé devient démotivé.

Enfin, le programme de récompenses est-il adapté aux attentes des employés ? Un employé peut espérer avoir non seulement une augmentation de salaire, mais également une promotion. Ou encore, il aimerait qu'on lui confie un poste plus intéressant qui lui permettra de relever de nouveaux défis plutôt que de simplement avoir des félicitations. Certains employés mettront un surplus d'efforts dans l'espoir d'obtenir un poste dans une grande ville étrangère, mais ils seront plutôt mutés dans une petite ville de province.

Ces exemples montrent bien qu'il est important de modeler les récompenses aux besoins et aux attentes des employés. Malheureusement, de nombreux gestionnaires n'ont pas la latitude voulue dans le choix des récompenses ou n'ont pas la possibilité d'adapter les récompenses aux besoins individuels. De plus, certains gestionnaires croient, à tort, que tous les employés veulent le même type de récompense et ignorent l'impact des récompenses adaptées sur leur motivation. Dans tous ces cas, on sous-estime l'importance de la motivation.

En conclusion, la motivation d'un grand nombre d'employés est déficiente parce que ceux-ci estiment que l'évaluation de leur performance ne tient pas suffisamment compte de leurs efforts, ou que le programme de récompenses de l'entreprise n'est pas cohérent avec l'évaluation, ou encore que les récompenses prévues ne correspondent pas à leurs attentes. Si vous voulez avoir des employés motivés, améliorez ces trois aspects au sein de votre entreprise.

VÉRITÉ

Un employé heureux n'est pas toujours un employé productif.

Il est logique de penser qu'un employé heureux ou satisfait sera un employé productif. C'est du moins ce que pensent la plupart d'entre nous. Ce n'est pourtant pas toujours le cas.

Beaucoup d'entreprises dépensent des fortunes et font d'énormes efforts pour accroître la satisfaction de leurs employés. Elles instaurent les horaires flexibles, mettent sur pied une garderie, offrent un généreux régime de retraite, aménagent des locaux luxueux, tout cela dans l'espoir d'accroître la satisfaction de leurs employés. Puis, une fois toutes ces mesures en place, la direction s'étonne que la rotation du personnel continue d'être si élevée et que la productivité ne s'améliore pas. Il est vrai qu'il existe une corrélation entre le degré de satisfaction des employés et leur productivité, mais cette corrélation n'est pas aussi forte qu'on pourrait le penser. En réalité, ce serait plutôt l'inverse : c'est la productivité qui est source de satisfaction.

> Il y a une corrélation entre le degré de satisfaction des employés et leur productivité, mais cette corrélation n'est pas aussi forte qu'on pourrait le penser.

Une lecture attentive des comptes rendus de recherches permet de conclure que l'indice de corrélation entre la satisfaction au travail et la productivité varie de + 0,14 à + 0,30. Cela signifie qu'entre 2 % et 9 % seulement de la productivité peut s'expliquer par la satisfaction. De plus, tout semble indiquer que ce sont les travailleurs productifs qui sont les plus heureux au travail plutôt que l'inverse. C'est donc la productivité qui entraîne la satisfaction : si vous faites bien votre travail, vous serez satisfait. Et si on tient pour acquis (ce qui n'est toutefois pas toujours le cas) que l'entreprise récompense la productivité, l'employé productif sera reconnu comme tel, son salaire augmentera et il sera d'une façon ou d'une autre récompensé, ce qui contribuera encore à accroître sa satisfaction.

En réalité, c'est la productivité qui est source de satisfaction de l'employé plutôt que l'inverse.

Permettez-moi de vous raconter une expérience personnelle. J'écris des livres depuis 30 ans. Il ne m'est arrivé qu'une fois de ressentir la fameuse angoisse de la page blanche. C'était au début des années 1980. Je m'assoyais à mon bureau et je passais mes journées à regarder par la fenêtre, attendant l'inspiration. Cela dura plusieurs semaines. Puis un jour, alors que je lisais des comptes rendus de recherches sur la relation entre la satisfaction au travail et la productivité en prévision d'une conférence que je devais donner, la raison de mon blocage m'est soudainement apparue évidente.

Le lendemain, je me suis installé à mon bureau et je me suis mis à taper furieusement sur mon clavier, écrivant tout ce qui me passait par la tête sur mon sujet. À peu près tout ce que j'avais écrit n'avait aucune valeur, mais tout de même, quelques phrases étaient intéressantes. J'ai jeté ce qu'il ne valait pas la peine de garder, puis j'ai commencé à travailler sur les quelques phrases que j'avais conservées. Les mots et les paragraphes se sont mis à couler. Plus j'écrivais, plus les idées me venaient et plus je retrouvais mon enthousiasme. En moins d'une demi-journée, l'angoisse de la page blanche avait disparu. J'avais fait une erreur : j'avais cru que je commencerais à être productif lorsque l'inspiration viendrait (en fait, si je ressentais de la satisfaction). En réalité, il suffisait que je me mette à produire, et la satisfaction suivrait.

Appliquons cet exemple à la gestion du personnel. Cessez de vouloir accroître la satisfaction de vos employés. Aidez-les plutôt à être plus productifs. Par exemple, augmentez les budgets alloués à la formation du personnel, raffinez la conception des tâches, mettez à la disposition de vos employés de meilleurs outils de travail, retirez tout ce qui peut les empêcher de faire un travail de grande qualité. C'est ainsi que vous parviendrez à accroître leur satisfaction au travail.

VÉRITÉ

11

Les employés aiment relever des défis, profitez-en.

Un de mes amis qui dirige une équipe de programmeurs informatiques à Seattle me vantait constamment la qualité de ses employés et ne cessait de me répéter qu'il avait une totale confiance en eux : « Lorsque je confie un travail à l'un d'eux, je lui dis simplement de faire de son mieux, c'est tout ce que je peux lui demander. » Il s'est montré extrêmement surpris lorsque je lui ai fait remarquer que ce n'était certainement pas la bonne façon de motiver ses employés. Lorsqu'on confie une tâche à un employé ou à une équipe, il vaut mieux fixer des objectifs précis et stimulants.

Toutes les recherches confirment que le rendement d'une personne est meilleur lorsqu'elle a un but. Nous pouvons affirmer que le fait d'avoir des objectifs précis augmente la performance, que des objectifs plus difficiles à atteindre, si on les accepte, permettent d'obtenir des résultats supérieurs, et que la rétroaction contribue à améliorer la performance.

Se fixer des objectifs plus élevés permet d'atteindre de meilleurs résultats. Pourquoi ? Parce que la personne à qui on fixe des objectifs précis les intègre, et ils agissent alors comme des stimuli. Les objectifs informent l'employé sur ce qu'il doit faire et lui indiquent la somme d'efforts qu'il doit fournir pour les atteindre.

Revenons à mon ami de Seattle : s'il avait demandé à ses programmeurs de terminer le travail pour la fin du mois, ceux-ci auraient eu une cible à atteindre. Toutes choses étant égales, une personne ou une équipe à qui on fixe un objectif précis obtiendra des résultats supérieurs que si on ne lui donne que la consigne très générale de « faire de son mieux ».

> Quelqu'un à qui on fixe un objectif précis obtiendra des résultats supérieurs à celui qui a simplement comme consigne de « faire de son mieux ».

Si nous savons que l'employé est capable d'atteindre l'objectif fixé et qu'il accepte de relever le défi, nous pouvons affirmer que plus l'objectif sera ambitieux, meilleur sera le résultat. Le fait d'avoir des

Beaucoup d'employés estiment qu'on ne leur fixe pas suffisamment d'objectifs précis.

objectifs ambitieux incite les gens à se dépasser et à travailler plus fort. Évidemment, l'employé acceptera facilement des objectifs qui sont relativement faciles à atteindre, mais une fois qu'il aura accepté un défi plus consistant, il sera prêt à y mettre tous les efforts nécessaires. Le gestionnaire doit donc chercher à s'entourer de gens qui aiment relever des défis importants.

Toutes les recherches confirment également que les gens à qui on donne une rétroaction sur le travail qu'ils sont en train d'accomplir feront un meilleur travail parce que cette rétroaction permet d'évaluer ce qui a été réalisé et ce qu'il reste à faire pour atteindre l'objectif. En réalité, la rétroaction permet d'adapter nos actions futures. Mais toutes les rétroactions n'ont pas la même valeur. La rétroaction qui provient de l'employé lui-même constitue une source de motivation beaucoup plus puissante que celle qui provient d'un supérieur ou des collègues.

Certains pourront penser que ces conseils relativement à l'établissement d'objectifs précis et élevés ou à l'importance de la rétroaction vont de soi. Pourtant, de nombreux gestionnaires continuent d'en ignorer l'importance. L'une après l'autre, les études le confirment : de nombreux employés estiment qu'on ne leur fixe pas suffisamment d'objectifs précis et se plaignent qu'on ne leur donne pas suffisamment de commentaires sur leur performance.

Il me faut souligner un dernier point : le fait de fixer des objectifs comporte une dimension culturelle. En effet, la culture nord-américaine se prête bien à la fixation d'objectifs parce qu'elle valorise l'effort individuel et accorde une grande importance à la performance. Ce n'est toutefois pas le cas dans toutes les cultures et, dans un contexte de mondialisation, il faut en tenir compte.

VÉRITÉ

La gestion participative ne convient pas à tout le monde.

Les gestionnaires modernes ont été formés à la gestion participative, une forme de gestion qui favorise la participation de l'employé au processus de prise de décision. Cette théorie est enseignée dans les grandes écoles d'administration depuis les années 1960. Le regretté Peter Drucker, grand gourou de la gestion, considérait la participation de l'employé à l'établissement de ses objectifs de travail comme une partie intégrante de sa doctrine de la gestion par objectifs. Selon certains chercheurs, la gestion participative est une nécessité sur le plan éthique.

On a assisté, au cours des quarante dernières années, au déclin (certains diront même à la disparition) des modes de gestion autoritaires, remplacés par la gestion participative. Or, il importe peu que les objectifs de travail soient fixés par le patron seul ou avec la participation de l'employé. La recherche indique qu'il y a peu d'avantages à ce que l'employé participe à la fixation de ses objectifs de travail.

On connaît la logique qui sous-tend la gestion participative. Les divers champs professionnels sont devenus de plus en plus complexes, et les gestionnaires ne sont pas en mesure de connaître toutes les subtilités du travail de leurs employés. Ils sollicitent dès lors la participation de ceux qui connaissent le mieux le travail à faire. La participation de l'employé l'amène également à s'engager dans le processus décisionnel. Les gens qui participent à la prise des décisions sont évidemment moins susceptibles de les remettre en question lorsque viendra le temps de les appliquer.

La recherche ne confirme d'aucune façon que la participation de l'employé à l'établissement des objectifs de travail est préférable.

Cela dit, la recherche ne confirme d'aucune façon que la participation de l'employé à l'établissement des objectifs de travail est préférable à un mode de gestion par lequel ces objectifs sont fixés par le gestionnaire seul. Dans certains cas, l'employé a un rendement supérieur lorsque les objectifs sont établis par le patron

La participation de l'employé ne garantit pas une meilleure performance de sa part.

seul. Le seul avantage de la participation de l'employé réside dans le fait qu'il acceptera plus facilement l'objectif qu'il aura lui-même contribué à fixer que l'objectif qui aura été établi de façon unilatérale par un supérieur. Ainsi, bien que la participation de l'employé à l'établissement des objectifs de travail ne présente pas d'avantage particulier, elle augmente tout de même la probabilité que l'employé accepte des objectifs plus ambitieux et qu'il soit prêt à y mettre les efforts nécessaires.

Pourquoi n'est-ce pas nécessairement avantageux que l'employé participe à l'établissement de ses objectifs ? Voilà une question intéressante. Cela dépend peut-être des conditions de la participation de l'employé. Pour que la participation soit efficace, elle doit se faire au moment adéquat, elle doit toucher des aspects correspondant aux intérêts de l'employé, ce dernier doit avoir les compétences (l'intelligence, la connaissance et les habiletés de communication) pour participer activement au processus et, enfin, la culture de l'entreprise doit valoriser et soutenir cette participation.

Beaucoup de milieux de travail n'offrent pas ces conditions. De plus, même si les spécialistes du comportement ignorent souvent cette réalité, certaines personnes n'acceptent pas la responsabilité inhérente à leurs décisions. Elles préfèrent qu'on leur dise quoi faire et laisser leur supérieur assumer toute la responsabilité.

Voilà pourquoi la participation de l'employé à la prise de décision ne garantit d'aucune façon une meilleure performance de sa part.

LA GESTION PARTICIPATIVE NE CONVIENT PAS À TOUT LE MONDE.

VÉRITÉ

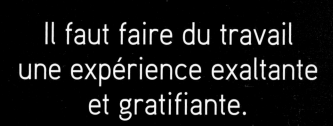

13

Il faut faire du travail une expérience exaltante et gratifiante.

Nous connaissons tous des moments pendant lesquels nous sommes tellement pris par une activité que plus rien d'autre n'existe. Nous nous y donnons totalement et en perdons même la notion du temps. Cela se produit généralement lorsque nous pratiquons nos activités préférées : le jogging, le ski, la danse, la lecture, les jeux vidéo, l'écoute de la musique ou la cuisine. C'est ce qu'on appelle en psychologie l'expérience gratifiante intrinsèque. C'est ce que doivent rechercher les gestionnaires pour motiver leurs employés.

Les recherches démontrent que lorsqu'on se trouve dans cet état d'expérience gratifiante intrinsèque, nous ne sommes pas nécessairement joyeux. Il s'agit plutôt d'un état qui se caractérise par une grande capacité de concentration. Et lorsque la tâche que nous avions à accomplir est terminée, nous ressentons une intense satisfaction, si bien que l'ensemble de l'expérience que nous avons vécue nous rend heureux.

Est-il possible d'induire cet état d'expérience gratifiante intrinsèque ? Oui. Les gens qui vivent cet état et qui, par la suite, tentent d'en dégager les caractéristiques arrivent aux mêmes constatations. Il s'agit de tâches qui représentent un défi et exigent un niveau élevé de compétence. Le travail comporte des objectifs précis, et la personne qui y est engagée reçoit une rétroaction sur sa performance. Le travail exige également une concentration totale et de la créativité. Enfin, la tâche est tellement prenante qu'elle occupe toutes les pensées, ne laissant plus de temps pour s'inquiéter de quoi que ce soit d'autre.

Lorsque nous sommes en état d'expérience gratifiante intrinsèque, nous ne sommes pas nécessairement joyeux.

L'expérience gratifiante intrinsèque est rarement ressentie lorsque nous regardons la télévision ou que nous relaxons. C'est au travail plus qu'à la maison que nous sommes susceptibles de vivre cet état.

C'est au travail plus qu'à la maison que nous sommes susceptibles de vivre l'expérience gratifiante intrinsèque.

Demandez aux gens autour de vous s'ils aimeraient travailler moins. La plupart vous répondront oui. Nous associons en effet temps libres et bonheur : si nous disposons de plus de temps libres, nous serons plus heureux. Pourtant, des études menées auprès de milliers de personnes contredisent cette affirmation. Lorsqu'ils sont à la maison, beaucoup de gens n'ont pas de but précis, ils ne font pas grand-chose de stimulant, ils se laissent distraire par toutes sortes de choses et, surtout, ils se sentent inutiles. Souvent, ils disent d'ailleurs qu'ils s'ennuient.

Au travail, les stimuli sont nombreux. Nous avons des objectifs clairs. Nous sommes entourés de gens qui nous donnent leur appréciation de notre performance, que ce soit dans le cours d'un travail ou lors de l'évaluation plus formelle de notre supérieur. La plupart des gens font un travail correspondant à leurs compétences et leur donnant l'occasion de relever des défis. De plus, le travail favorise la concentration et empêche d'être distrait par tout et rien. Le travail, plus que l'inactivité, est propice à induire cet état d'expérience gratifiante intrinsèque qu'on vit aussi dans des activités ludiques, sportives, musicales ou artistiques.

Qu'est-ce que cela signifie pour les gestionnaires ? Que le travail est une puissante source de motivation. Il peut nous rendre heureux comme peu d'activités de loisir peuvent le faire. Ainsi, lorsque vous élaborez la description d'un emploi, assurez-vous que les tâches à accomplir sont stimulantes et prenantes, qu'elles sollicitent la créativité, que la personne qui occupera ce poste pourra pleinement exploiter ses compétences, que les objectifs de travail sont clairs et que vous donnez à l'employé une rétroaction.

VÉRITÉ

Jugez les comportements,
pas les personnes.

Même si ce conseil peut sembler évident, de nombreux gestionnaires transgressent cette règle lorsqu'ils font à leurs employés des commentaires sur leur travail. Pourtant, une bonne rétroaction est impersonnelle et porte sur des comportements plutôt que sur les personnes.

Dès lors, la rétroaction doit être spécifique plutôt que d'ordre général. Évitez de faire des remarques négatives comme « Vous avez une mauvaise attitude », mais aussi des remarques positives comme « Je suis très impressionné par le travail que vous avez accompli ». Ce type de jugement est trop vague. S'il transmet effectivement une information, celle-ci n'est pas suffisamment précise pour que l'employé sache ce qu'il doit corriger dans son attitude ou sur quels éléments le gestionnaire s'est appuyé pour conclure que l'employé a fait un bon travail.

> Une bonne rétroaction est impersonnelle et porte sur des comportements plutôt que sur les personnes.

Alors, qu'est-ce qui constitue une bonne rétroaction ? En voici quelques exemples : « Je suis préoccupé par ton attitude au travail... Hier, tu étais en retard d'une demi-heure à la réunion d'équipe et tu n'avais pas lu le rapport préliminaire dont nous devions discuter. Et aujourd'hui, tu m'annonces que tu dois quitter le bureau deux heures plus tôt parce que tu as un rendez-vous chez le dentiste. » Ou encore : « Je suis très content du travail que tu as effectué dans le dossier de notre client Philips. Nos ventes à cette entreprise ont augmenté de 22 % au cours du dernier mois. De plus, le président de l'entreprise m'a téléphoné il y a quelques jours pour me dire qu'il avait beaucoup apprécié ta diligence à faire les modifications techniques aux micropuces MJ-7. » Dans ces deux exemples, l'accent est mis sur les comportements. Les critiques et les éloges sont exprimées clairement.

Les commentaires, surtout s'ils sont négatifs, doivent être essentiellement descriptifs plutôt que simplement appréciatifs. Même si le gestionnaire est en colère contre son employé, ses commentaires

Les commentaires doivent être essentiellement descriptifs plutôt que simplement appréciatifs.

doivent toucher uniquement le travail et ne doivent jamais comporter de critiques personnelles. Dire à quelqu'un qu'il est stupide ou incompétent est toujours contre-productif. Cela risque de provoquer une réaction émotive telle que la question principale, à savoir la performance de l'employé, est complètement évacuée. Répétons-le : le gestionnaire doit critiquer le comportement, jamais la personne. Il peut être tentant de dire à quelqu'un (surtout si cela est vrai...) qu'il est impoli et qu'il manque de délicatesse. Cependant, il est de beaucoup préférable d'être précis et de critiquer le comportement : « Tu m'as interrompu trois fois avec des questions qui n'étaient pas urgentes, et ce, pendant que je parlais au téléphone à un client important en Europe. »

Si vous devez faire un commentaire défavorable sur le travail d'un employé, assurez-vous qu'il est bien le responsable de la situation. Il est inutile de critiquer une personne pour une situation indépendante de sa volonté. Les commentaires négatifs doivent porter sur les comportements que l'employé peut réellement changer. Par exemple, rabrouer un employé en retard parce qu'il a oublié de régler son réveille-matin peut être justifié, mais le faire parce qu'il y a eu une panne de métro est inutile. De toute façon, il n'aurait rien pu y faire.

VÉRITÉ

15

On en a pour son argent,
ni plus ni moins.

Un expert-conseil spécialisé dans la gestion des services de police qui avait été embauché par une petite ville avait constaté que les policiers avaient toujours la même façon de procéder. Dès leur arrivée pour leur quart de travail, ils montaient dans leur auto-patrouille, se rendaient sur l'autoroute qui coupait la ville en deux et passaient la journée à rouler dans un sens puis dans l'autre. Voilà une bien drôle de façon d'assurer la sécurité de l'ensemble du territoire. L'expert-conseil a rapidement compris pourquoi il en était ainsi : pour évaluer l'efficacité de son service de police, le conseil municipal se fiait exclusivement au kilométrage enregistré au compteur des véhicules. Ainsi, on récompensait non pas l'efficacité du service de police, mais le nombre de kilomètres que les agents parcouraient. Les policiers agissaient en conséquence : ils parcouraient des kilomètres.

Très souvent, les gestionnaires récompensent les comportements qu'ils aimeraient voir disparaître plutôt que ceux qu'ils favorisent. Dans certaines entreprises, par exemple, la direction dit valoriser le travail d'équipe, mais elle ne récompense que les réalisations individuelles. Elle s'étonne ensuite de voir que les employés sont constamment en compétition les uns contre les autres et que chacun aspire à être le « premier de classe ». Dans d'autres entreprises, la direction insiste régulièrement sur l'importance de faire un travail de qualité, mais

Très souvent, les gestionnaires récompensent les comportements qu'ils aimeraient que leurs employés abandonnent plutôt que ceux qu'ils aimeraient que leurs employés adoptent.

elle punit ceux qui n'ont pas atteint les cibles de production fixées, justement parce qu'ils ont plutôt privilégié la qualité. Dans d'autres entreprises encore, la haute direction ne cesse de vanter à ses cadres l'importance de l'intégrité professionnelle, mais ceux qui obtiennent des promotions ne montrent pas toujours patte blanche.

Les gestionnaires qui sont aux prises avec un problème de motivation de leurs employés devraient revoir leur programme de reconnaissance : peut-être

Si vous recherchez la qualité, récompensez la qualité.

récompensent-ils des comportements qu'en réalité ils jugent non appropriés. Si vous valorisez la qualité, récompensez les employés qui font un travail de qualité. Si vous valorisez le comportement éthique, récompensez les employés qui agissent conformément à cette valeur.

Modifier le programme de reconnaissance de l'entreprise n'est pas nécessairement une tâche complexe. Parfois, de simples ajustements peuvent faire toute la différence. Pensez aux techniques que vous utilisez à la maison avec vos enfants. Par exemple, vous avez une seule friandise que vous devez partager entre votre fils et votre fille. Bien sûr, vous voulez éviter que tous deux se bagarrent pour obtenir la plus belle part. Alors, vous donnez la friandise à votre fils et lui confiez la responsabilité de la couper en deux, puis vous demandez à votre fille de choisir la moitié qu'elle veut. En partageant ainsi les rôles et les responsabilités, vous obtenez un résultat qui semble acceptable à chacun et vous évitez une querelle.

C'est la technique qu'un chef de service a utilisée lorsqu'il a fallu attribuer les nouveaux bureaux aux employés de son équipe. Deux d'entre eux, qui ne s'entendaient pas particulièrement bien, perdaient un temps fou à se quereller pour savoir lequel des 10 bureaux attribués au service chacun prendrait. Chaque fois que l'un des deux disait vouloir occuper tel bureau, l'autre voulait le même. Après des semaines de querelles incessantes, le chef du service a demandé à l'un de choisir ses deux bureaux préférés, puis il a offert à l'autre de choisir entre ces deux bureaux. Le premier employé s'est ainsi retrouvé dans un bureau qui lui convenait, tandis que le second a eu le sentiment d'avoir le premier choix. Tous deux étaient heureux.

J'ai réellement compris l'importance de récompenser les bons comportements lorsque j'ai entendu une riche parente dire à son fils : « Tu n'as pas besoin d'épargner : quand je serai décédée, tu auras suffisamment d'argent de toute façon. » Cette riche parente est morte à un âge fort avancé, avec, certainement, le sentiment un peu diffus que son fils souhaitait sa mort. De toute évidence, la réaction du fils aurait été différente si elle avait lié l'héritage qu'elle léguait à son fils à sa propre longévité. Par exemple, elle aurait pu lui dire : «Au début de chaque année, et tant que je vivrai, je te donnerai 50 000 $. Mais à ma mort, je lègue tout à des œuvres de charité.» Son fils, dès lors, au lieu de souhaiter la mort de sa mère, aurait plutôt souhaité qu'elle vive encore longtemps !

VÉRITÉ

16

Une juste rémunération accroît la motivation.

Imaginez la situation suivante : au début de la saison, un joueur vedette d'une équipe professionnelle de football annonce qu'il ne se présentera pas à l'entraînement. Bien qu'il soit tenu de respecter son contrat qui lui vaut un salaire de 7,5 millions de dollars, il justifie son absence en affirmant qu'il n'est pas suffisamment motivé, qu'il souhaite qu'on renégocie son contrat ou qu'on l'échange à une équipe qui sera disposée à le payer à sa juste valeur. Le joueur et son agent évoquent des arguments qui sont, bien sûr, tout à fait relatifs : « D'autres joueurs moins bons [c'est-à-dire qui ont moins d'expérience, qui n'ont pas remporté autant de trophées ou qui n'ont pas d'aussi bonnes statistiques] gagnent plus que moi. »

C'est la même chose dans le monde du travail. De nombreuses recherches confirment que ce qu'on estime valoir est relatif. Les employés comparent leur apport à l'entreprise (leur expérience, les efforts qu'ils fournissent, leur éducation, leur compétence) à ce qu'ils obtiennent de l'entreprise (leur salaire, les augmentations de salaire, la reconnaissance, etc.). Ensuite, ils comparent leur situation à celle de leurs amis, de leurs parents, de leurs voisins, de leurs collègues dans d'autres entreprises, ou encore ils comparent avec d'anciens emplois qu'ils ont occupés. En se comparant ainsi, ils évaluent s'ils sont traités de façon équitable.

Revenons donc à notre joueur de football : il évalue son apport à l'équipe, voit ses statistiques, son salaire, puis il compare à la situation d'autres joueurs qui occupent la même position que lui. Ce genre de comparaison ne peut mener qu'à l'une des trois conclusions suivantes : le joueur estime être payé à sa juste valeur ; il estime être sous-payé ; il estime être trop payé.

> De nombreuses recherches confirment que ce qu'on estime valoir est relatif.

L'employé qui a le sentiment de recevoir sa juste part pour le travail qu'il accomplit sera motivé.

Cependant, l'employé qui estime qu'il n'obtient pas sa juste part pourra développer du ressentiment. Il sera tenté d'adopter des comportements qui, selon lui, réparent ce qu'il perçoit être une injustice. Ainsi, il tentera de prendre un congé de maladie, il arrivera en retard ou quittera le travail plus tôt, prendra des pauses plus longues, mettra

Lorsqu'un employé a le sentiment qu'il est surpayé pour le travail qu'il fait, il a tendance à se sentir coupable.

moins d'efforts dans son travail, demandera une augmentation de salaire et peut-être même volera le bien de l'entreprise en se disant qu'après tout, cela lui revient. Il pourra aussi vouloir réévaluer son engagement au sein de l'entreprise ou remettre en question l'engagement des autres, ou encore chercher à se comparer à d'autres personnes que celles à qui il se comparait jusqu'alors. S'il est vraiment en colère contre l'entreprise, il pourra même aller jusqu'à démissionner.

L'ampleur de sa réaction dépendra de l'ampleur du sentiment d'injustice qu'il ressent. Certains employés ne se formalisent pas trop d'un léger déséquilibre, mais un grand nombre de professionnels et de techniciens spécialisés sont sensibles à ces questions. Ils tenteront rapidement de corriger la situation.

Par ailleurs, lorsqu'un employé a le sentiment qu'il est surpayé pour le travail qu'il fait, il a tendance à se sentir coupable. Il sera alors porté à travailler plus fort, à vouloir se perfectionner, à aider les autres ou même à travailler les jours fériés ou pendant les vacances. Il n'ira tout de même pas jusqu'à demander une baisse de salaire. Après tout, les gens acceptent plus facilement d'être surpayés que d'être sous-payés, peut-être parce qu'ils arrivent mieux à rationaliser la chose.

VÉRITÉ

17

Les employés peu spécialisés
et peu payés ne sont pas
(tous) voués à partir.

L'un des principaux problèmes auxquels font face les gestionnaires des entreprises de vente au détail et de restauration rapide est le manque de motivation des employés peu spécialisés, qui gagnent un salaire peu élevé et qui, dans leur emploi actuel ou par une promotion, ont peu de chances de voir leurs conditions s'améliorer. Peu instruits, ces travailleurs gagnent à peine plus que le salaire minimum. Et puisque la clientèle n'est pas prête à payer 10 $ pour un hamburger, l'employeur ne peut leur offrir plus.

Traditionnellement, pour faire face aux problèmes de motivation, ce type d'entreprise offre à ses employés des horaires de travail variables et embauche des adolescents ou des personnes retraitées, dont les besoins financiers sont moindres. Les résultats de telles pratiques sont loin d'être à la hauteur des attentes. Ainsi, les entreprises de restauration rapide ont un taux annuel de rotation du personnel de 300 %.

> Les entreprises de restauration rapide ont un taux annuel de rotation du personnel de 300 %.

Dans une tentative pour motiver ses préposés aux commandes et ses cuisiniers, la chaîne Taco Bell leur a offert des primes au rendement et des actions de l'entreprise, leur a accordé de plus grandes responsabilités en matière de gestion des stocks, d'établissement de leurs horaires de travail et d'embauche d'autres employés, mais les résultats ont été mitigés : au bout de 4 ans, le taux de rotation des employés est passé de 223 % à 160 %.

Burger King a mis en place un régime de retraite ainsi qu'un régime d'assurance soins médicaux pour ses employés à salaire horaire, mais le taux de rotation se situe tout de même à plus de 200 %.

La chaîne Chick-Fil-A a réussi à abaisser son taux de rotation à un peu plus de 100 % en offrant à ses employés qui obtiennent de bonnes notes à l'école secondaire des emplois à temps partiel ainsi que des bourses d'études collégiales de 1 000 $ à 2 000 $.

Quelles sont les solutions à ce problème ? À moins d'augmenter considérablement les salaires et les avantages sociaux des employés, on doit s'attendre, pour ce type d'emploi, à des taux de rotation élevés. On peut compenser en rendant ces emplois plus attrayants, en proposant par exemple des horaires variables ou en augmentant les salaires. On peut également adopter une approche non traditionnelle. Par exemple, Judy Wicks, propriétaire du White Dog Café à Philadelphie, a réduit considérablement le taux de rotation de ses serveurs en misant sur leurs champs d'intérêt. Désireuse de créer une ambiance plus chaleureuse entre ses employés, Mme Wicks organise à leur intention, chaque année, une soirée au cours de laquelle tous partagent leurs champs d'intérêt — l'un exposant ses toiles, un autre lisant ses poèmes, un autre présentant un organisme local qu'il soutient, un autre encore présentant ses enfants à ses collègues.

> À moins d'augmenter considérablement les salaires et les avantages sociaux des employés, on doit s'attendre, pour ce type d'emploi, à des taux de roulement élevés.

VÉRITÉ

18

Même un très bon ébéniste
ne fait pas de meubles
sans outils.

Robin et Chris ont obtenu leur diplôme en enseignement primaire. Toutes deux ont trouvé un emploi d'enseignante de première année, mais dans des régions différentes. Dès le début, Robin a dû faire face à de nombreux problèmes : une classe trop nombreuse de 38 élèves, un local défraîchi et trop petit pour tout ce monde, un manque flagrant de matériel. La situation de Chris était fort différente. Elle n'avait que 15 élèves, pouvait compter sur l'aide d'une assistante une quinzaine d'heures par semaine, le local où elle faisait la classe était vaste et bien éclairé, le matériel était adéquat, chaque élève avait un ordinateur et la direction de l'école l'appuyait sans réserve. À la fin de l'année scolaire, comme on pouvait s'y attendre, le rendement de Chris avait été bien meilleur que celui de Robin.

Cet exemple illustre parfaitement une réalité, peut-être évidente, mais qu'on oublie trop souvent : la performance au travail peut être améliorée ou, au contraire, diminuée, par les ressources dont nous disposons. Quelle que soit la motivation de l'employé, sa performance sera moins bonne si on ne lui offre pas un environnement de travail favorable.

En termes mathématiques, on pourrait dire que la performance au travail est fonction (F) de l'équilibre qui existe entre le talent (T) et la motivation (M), ce qui donnerait l'équation suivante : performance = F (T + M). Si l'un des deux éléments est absent, que ce soit le talent ou la motivation, la performance en souffrira. Cela explique, par exemple, que l'athlète moins talentueux mais persévérant pourra avoir de meilleurs résultats qu'un athlète plus talentueux mais plus paresseux.

> Quelle que soit la motivation de l'employé, sa performance sera moins bonne si on ne lui offre pas un environnement de travail favorable.

Il manque pourtant un élément pour que l'équation soit complète : le contexte (C). Reprenons donc l'équation : performance = F (T + M + C). En effet, même si un employé est talentueux et motivé, certains obstacles peuvent gêner sa performance.

Lorsqu'un employé n'offre pas le niveau de performance auquel vous étiez en droit de vous attendre, tentez de voir si son environnement lui est favorable. L'employé dispose-t-il des outils, de l'équipement, du matériel et des fournitures dont il a besoin ? Ses conditions de travail sont-elles favorables ? Ses collègues lui apportent-ils leur appui ? Les procédures et les règles de travail sont-elles adéquates ? Dispose-t-il de l'information suffisante pour prendre des décisions éclairées ? A-t-il suffisamment de temps pour effectuer un bon travail ? Si ce n'est pas le cas, il est normal que sa performance ne soit pas à la hauteur des attentes.

Même si un employé est talentueux et motivé, certains obstacles peuvent gêner sa performance.

MÊME UN TRÈS BON ÉBÉNISTE NE FAIT PAS DE MEUBLES SANS OUTILS.

VÉRITÉ

La confiance est un élément-clé du leadership.

Lorsque nous avons confiance en quelqu'un, nous tenons pour acquis que cette personne agira avec honnêteté, sincérité et sérieux, et que son comportement sera constant et prévisible. Nous savons aussi que cette personne ne tentera pas de profiter indûment de la confiance que nous avons placée en elle. La confiance constitue donc l'élément-clé du leadership, car il est impossible de diriger des gens qui n'ont pas confiance en nous.

On peut résumer ainsi les liens entre la confiance et le leadership : le leader travaille en collaboration avec des gens pour cibler des problèmes et les résoudre et, dans la mesure où ils ont confiance en lui, ces gens donnent au leader l'accès à l'information qui lui permettra de résoudre ces problèmes ; le niveau de confiance qu'on a envers le leader détermine le niveau d'accès à l'information qu'on lui permet et la collaboration qu'on lui offre.

> Il est impossible de mener des gens qui n'ont pas confiance en nous.

Lorsque les employés ont confiance en leur patron, ils sont disposés à assumer les conséquences des actions qu'il posera, car ils savent que leurs droits et leurs intérêts ne seront pas bafoués. Les gens ne suivent pas quelqu'un qu'ils perçoivent comme malhonnête ou susceptible de profiter d'eux. D'ailleurs, lorsqu'on demande aux gens d'indiquer les qualités qu'ils admirent le plus chez leurs dirigeants, l'honnêteté est systématiquement une des caractéristiques au sommet de la liste. L'honnêteté est donc une condition essentielle si on veut être perçu comme un bon leader.

Aujourd'hui plus qu'à toute autre époque, les gestionnaires et les leaders réussissent dans la mesure où ils sont capables d'obtenir la confiance de leurs subalternes. Pourquoi ? Parce qu'en ces temps d'instabilité et de changements qui caractérisent la plupart des milieux de travail, les gens recherchent une certaine stabilité dans les relations personnelles, lesquelles s'appuient principalement sur la confiance. De plus, les pratiques actuelles en matière de gestion, qui valorisent l'autonomie des employés et le travail d'équipe, s'appuient elles aussi sur la confiance.

Dès lors, comme gestionnaire, comment pouvez-vous faire en sorte que vos employés aient confiance en vous ? Il n'est pas facile d'obtenir la confiance des autres, mais les recherches montrent que certains comportements peuvent vous y aider.

- **Soyez ouvert.** On se méfie des gens autant en raison de ce qu'on ignore d'eux que de ce qu'on en connaît. Tenez les gens informés, exprimez clairement les critères sur lesquels vous vous basez pour prendre vos décisions, expliquez franchement les problèmes auxquels vous faites face et donnez toute l'information pertinente.

- **Soyez juste.** Avant de prendre des décisions ou des mesures pour régler une situation, demandez-vous si ceux qui vous entourent les trouveront objectives et équitables. Reconnaissez le mérite des autres, soyez objectif et impartial lorsque vous évaluez le travail de vos employés et soyez équitable dans l'attribution des récompenses.

- **Exprimez vos sentiments.** Les gestionnaires qui ne tiennent compte que des faits bruts sont souvent perçus comme des gens froids et distants. Si au contraire vous savez exprimer vos émotions, on vous percevra comme un être vrai et sympathique.

- **Dites la vérité.** La vérité est indissociable de l'intégrité. Il suffit que vous mentiez une seule fois et qu'on vous prenne en défaut pour que votre crédibilité en prenne un coup. Généralement, les gens préfèrent entendre une vérité difficile à encaisser plutôt que se rendre compte plus tard qu'on leur a caché quelque chose.

- **Soyez cohérent.** Les gens aiment savoir à quoi s'attendre. La méfiance s'installe lorsqu'on est incapable de prévoir ce qui s'en vient. Vos actions doivent être dictées par vos croyances et vos valeurs profondes. C'est ainsi que vous ferez preuve de cohérence et que vous pourrez inspirer confiance.

- **Tenez vos promesses.** Si on peut se fier à ce que vous dites, on aura confiance en vous. Dès lors, assurez-vous de toujours respecter votre parole et vos engagements.

- **Soyez discret.** Les gens discrets à qui on peut se confier inspirent confiance. Vos collègues doivent être certains que vous ne dévoilerez pas les confidences qu'ils peuvent vous faire et que vous ne les trahirez pas.

VÉRITÉ

20

Même les grands crus
sont parfois bouchonnés.

La plupart d'entre nous acceptent comme une évidence l'idée que l'expérience est une condition importante, voire essentielle, d'un leadership efficace. Par exemple, les électeurs sont portés à voter pour des gens qui possèdent déjà une expérience politique. Les entreprises procèdent de la même façon : elles recrutent des candidats de l'extérieur à un poste de direction en fonction de leur expérience. Évidemment, dans tout formulaire de candidature, on vous demande d'indiquer vos expériences de travail antérieures. Pour plusieurs employeurs, l'expérience est le principal critère sur lequel on se fie pour embaucher une personne ou lui accorder une promotion. Et pourtant, toutes les recherches le confirment : l'expérience à elle seule ne suffit pas à faire d'un dirigeant un leader efficace.

Certains leaders inexpérimentés ont connu des succès remarquables, alors que d'autres ont subi des échecs retentissants. Deux des présidents américains les plus admirés, Abraham Lincoln et Harry Truman, n'avaient à peu près aucune expérience comme leader, tandis que deux des présidents les moins aimés, Herbert Hoover et Franklin Pierce, avaient une vaste expérience avant d'accéder aux plus hautes fonctions. Plusieurs études portant sur des officiers militaires, des équipes de chercheurs, des contremaîtres, des administrateurs du service des postes et des directeurs d'école indiquent que les gestionnaires ayant une grande expérience ne sont pas plus efficaces que ceux qui ont peu d'expérience.

> L'expérience qu'on retire d'une situation n'est pas nécessairement transférable dans un autre emploi.

Qu'est-ce qui explique une telle situation ? À première vue, on pourrait croire que, durant ses expériences de travail antérieures, un gestionnaire aura acquis des connaissances qui en feraient nécessairement un leader compétent. Mais ce n'est pas nécessairement le cas, pour deux raisons. Premièrement, ce n'est pas parce qu'on a passé plusieurs années à travailler qu'on en a retiré une expérience de qualité. Deuxièmement, les situations de travail sont de nature très variable et l'expérience qu'on retire d'une situation n'est pas nécessairement transférable dans un autre emploi.

L'idée que l'expérience est une condition importante de l'efficacité s'appuie sur la perception que l'expérience se mesure au nombre des années. Les années ne nous donnent pourtant aucune indication sur la qualité de cette expérience. Avoir 20 ans d'expérience ne signifie pas qu'on est 10 fois plus compétent qu'une autre personne qui n'a que 2 ans d'expérience. En réalité, certaines personnes qui ont 20 ans d'expérience ont en fait 20 fois la même expérience ! Après avoir occupé pendant deux ou trois ans un poste même particulièrement exigeant, on continue rarement d'apprendre et d'accumuler des expériences. Pendant ces quelques années, le gestionnaire aura affronté ou vécu la plupart des situations qui lui auront permis d'acquérir son expérience. Lier l'expérience au nombre d'années nous empêche de porter attention à la qualité et à la diversité de cette expérience.

> **Certaines personnes qui possèdent 20 ans d'expérience ont en fait 20 fois la même expérience !**

Par ailleurs, les situations que nous avons affrontées dans un emploi précédent sont rarement les mêmes que celles que nous vivrons dans un nouvel emploi. Il faut donc évaluer la pertinence de l'expérience antérieure par rapport au nouvel emploi. Même s'ils semblent comparables, les emplois ne se ressemblent pas tous, les ressources disponibles ne sont pas les mêmes, la culture de l'entreprise est différente, le personnel n'est pas le même, etc. Toutes ces différences expliquent pourquoi l'expérience précédente d'un gestionnaire n'est pas une garantie d'efficacité dans l'avenir.

Que faut-il en conclure ? Simplement que lorsqu'on veut pourvoir un poste qui exige des qualités de leader, il ne faut pas mettre trop l'accent sur l'expérience des candidats, car l'expérience seule n'est pas un bon indicateur de la compétence. Ce n'est pas parce qu'une personne possède 10 ans d'expérience que cette expérience servira dans les situations nouvelles. Il est préférable d'évaluer la qualité des expériences passées et leur pertinence en regard des nouvelles situations auxquelles la personne devra faire face.

VÉRITÉ

Le meilleur leader n'est pas
toujours celui qu'on croit.

Bien qu'on ait mené un grand nombre d'études en vue de comprendre les qualités qui font les bons leaders, il nous reste encore beaucoup de choses à découvrir sur ce sujet. On constate par exemple que très peu de traits psychologiques s'appliquent à tous les leaders et distinguent ces derniers des non-leaders. De nombreuses données parfois contradictoires nous empêchent de tracer un portrait général du leader. Et pourtant, bien que les spécialistes ne parviennent pas à s'entendre sur les qualités qui font un bon leader, le commun des mortels, mais aussi de nombreux gestionnaires et hauts dirigeants d'entreprise n'ont aucune difficulté à décrire les qualités communes au leader : l'intelligence, le courage, la vision, une personnalité extravertie, des aptitudes verbales, la combativité et une forte capacité de travail. De plus, les bons leaders sont méthodiques et inflexibles dans leurs décisions. En fait, il s'agit des qualités qu'on exige des grands chefs d'État.

Aux États-Unis, par exemple, les élections à la présidence donnent lieu depuis 1960 à un débat télévisé entre les deux principaux candidats. Pendant environ une heure et demie, ils débattent des grands enjeux, répondent aux

> Pour la plupart des gens, il y a des qualités communes aux bons leaders.

questions des journalistes et, surtout, tentent de donner d'eux-mêmes une bonne « image présidentielle ». Dans ces « concours de popularité », les candidats et leurs conseillers tentent d'imposer une image de leader, estimant que cela est essentiel au succès de leur campagne. De nombreux observateurs ont attribué les défaites de Richard Nixon en 1960, de Gerald Ford en 1976, de Michael Dukakis en 1988 et d'Al Gore en 2000 à leur incapacité de convaincre les téléspectateurs qu'ils avaient les qualités de leader nécessaires pour être leur président.

Les électeurs recherchent un président qui possède les qualités habituellement associées au leader : la détermination, la capacité de prendre des décisions et la loyauté. Ils suivent le débat pour voir si les candidats possèdent ces qualités. Par exemple, le président Ronald Reagan (du moins durant son premier mandat) était vu comme un leader fort parce qu'il était totalement dédié à son travail, qu'il était inébranlable et constant dans ses décisions comme dans les objectifs qu'il se fixait.

Le président George H. Bush, par contre, a perdu son image de leader efficace durant son premier mandat après avoir augmenté les impôts, alors que durant la campagne électorale, il avait affirmé : « Vous pouvez lire sur mes lèvres : il n'y aura pas d'augmentation d'impôt. »

Tout cela peut sembler un peu grotesque : même si vous n'avez pas les qualités d'un bon leader, il suffit parfois que vous en **ayez l'apparence.** Vous pouvez donc tenter de donner la perception que vous êtes intelligent, que vous avez de la prestance, que vous êtes déterminé, combatif, dur à la tâche et cohérent, tant dans vos idées que dans vos actions. La simple perception qu'on a d'une personne suffit-elle à en faire un bon leader ? Comment savoir ? Chose certaine, si vous pouvez projeter les qualités décrites ci-dessus, vous augmentez vos chances que votre patron, vos collègues et vos employés vous perçoivent comme un leader efficace.

> Même si vous n'avez pas les qualités d'un bon leader, il suffit parfois que vous en ayez l'apparence.

VÉRITÉ

Les bons leaders savent circonscrire les grands enjeux.

Le fameux discours I Have a Dream de Martin Luther King Jr a considérablement modelé le mouvement des droits civiques aux États-Unis. Dans ce discours, King a donné une image de ce que pourrait être le pays sans les préjugés raciaux. En fait, il a su aborder la question des droits civiques et la formuler comme la majorité des gens souhaitaient qu'elle soit abordée.

C'est ce qu'on appelle la capacité de donner un sens à une question, à un enjeu ; c'est la capacité de choisir certains éléments d'une question et d'en exclure d'autres, un peu comme le fait le photographe. La scène devant lui est générale et laisse place à plusieurs interprétations. En ciblant tel ou tel élément plutôt que tel autre, le photographe cerne son sujet, il le circonscrit. Et ceux qui voient la photo qui en résulte voient ce que le photographe souhaitait qu'ils voient. C'est exactement ce que fait le leader lorsqu'il cerne une question ou un enjeu : il choisit les éléments d'un sujet auxquels il veut que nous portions attention et les éléments qu'il veut volontairement mettre de côté.

> Savoir circonscrire un problème, c'est trouver les mots pour donner un sens à une question ou à un enjeu.

Des carrières politiques se font et se défont selon la capacité des politiciens à circonscrire les grands enjeux et à cerner l'image que projette leur adversaire. Bien sûr, à notre époque, le choix des mots est primordial, et la victoire va souvent au plus habile sur ce plan. Par exemple, lorsque George W. Bush a annoncé des réductions d'impôt de 1,6 milliard de dollars, il a présenté le tout comme un « remboursement aux Américains qui avaient payé trop d'impôt ». Avouons que cette formulation semble beaucoup plus équitable que s'il avait dit qu'il réduisait les impôts des Américains les plus riches.

Dans ce monde complexe et souvent désordonné où travaillent la plupart des leaders, la vérité est souvent quelque peu élastique. Pour de nombreuses personnes, la vérité est souvent celle que leur présentent leurs leaders.

La capacité de circonscrire les problèmes permet au leader d'être efficace sur plusieurs plans. Elle modèle le processus de prise de décision en ce qu'elle permet de cerner les problèmes qui nécessitent une attention immédiate, les causes de ces problèmes et les pistes de solution pour les régler. Grâce à sa capacité de circonscrire les enjeux, le leader fixe des objectifs et obtient l'adhésion des gens, car si on cerne bien une problématique, les actions

Des carrières politiques se font et se défont selon la capacité des politiciens à circonscrire les grands enjeux et à cerner l'image que projette leur adversaire.

appropriées suivront. Dans une société de plus en plus mondialisée, il est essentiel que les leaders puissent cerner les enjeux et les problématiques globalement, en tenant compte de toutes les sensibilités culturelles. Enfin, la capacité d'un leader à circonscrire les problèmes démontre qu'il a des qualités de visionnaire. C'est ainsi qu'on peut susciter une vision commune.

Voici cinq mots utiles pour aider à circonscrire un enjeu : métaphore, jargon, contraste, interprétation et histoires.

La métaphore est une façon de transposer, par analogie, la signification d'un mot ou d'un concept à un autre. On utilise la métaphore lorsqu'il y a un lien logique et facile à comprendre entre deux éléments de comparaison. Par exemple, lorsqu'un dirigeant d'une entreprise manufacturière explique que son objectif est de faire fonctionner la chaîne de production de l'entreprise avec la fiabilité d'une montre suisse, il utilise une métaphore qui permet à ses employés de bien comprendre sa vision.

Les spécialistes du leadership organisationnel recourent abondamment au jargon. Il s'agit de la terminologie spécifique d'une profession, d'une organisation ou d'un programme. Cette terminologie n'a de sens réel que pour ceux qui connaissent bien le sujet et son vocabulaire. Seuls

LES BONS LEADERS SAVENT CIRCONSCRIRE LES GRANDS ENJEUX.

ceux qui sont familiers avec l'entreprise Microsoft, par exemple, savent qu'un *Blue Badger* est un employé à temps plein de l'entreprise et qu'un *Orange Badger* désigne un employé temporaire ou contractuel.

La technique des contrastes, elle, permet d'expliquer une situation en mettant en évidence son contraire. Pourquoi cette technique fonctionne-t-elle? Simplement parce qu'il est parfois plus facile d'exprimer une situation en décrivant ce qu'elle n'est pas.

> Il est parfois plus facile d'exprimer une situation en décrivant ce qu'elle n'est pas.

Par exemple, pour exprimer sa frustration lorsque ses employés semblaient ne pas trop se préoccuper des coûts de production, le dirigeant d'une petite entreprise de conception de logiciels avait l'habitude de dire : « Hé... nous ne sommes pas Microsoft! » Le message était clair : la société n'avait pas les ressources financières du géant Microsoft et devait sans cesse se préoccuper de la réduction de ses coûts de production.

Les spécialistes de la politique ont créé un nouveau mot pour désigner la tentative d'influencer positivement les médias, le « spin ». Il s'agit d'une pratique selon laquelle, durant un événement ou à la suite d'une déclaration publique, les conseillers d'un politicien offrent instantanément une interprétation favorable dans le but d'influencer les médias. Les leaders habiles peuvent ainsi amener leurs employés à reconnaître les aspects positifs d'un enjeu ou d'une situation et à en contrer les aspects négatifs. Aux États-Unis, durant la campagne présidentielle de 2008, les démocrates ont régulièrement organisé des « spins » pour tenter de montrer les aspects négatifs de la présence américaine en Irak.

Enfin, au-delà des simples métaphores, les leaders n'hésitent pas à utiliser des histoires pour illustrer leur pensée. Par exemple, pour bien faire comprendre l'importance de la créativité et du hasard dans l'innovation, les dirigeants de la compagnie 3M racontent fréquemment comment deux employés ont été, sans réellement le vouloir, à l'origine de la création des fameux Post-It.

VÉRITÉ

23

Pour obtenir beaucoup,
il faut exiger beaucoup.

Voici les résultats d'une recherche portant sur 105 soldats israéliens qui devaient suivre une formation en commandement au combat. On avait informé les quatre instructeurs qui devaient donner le cours que le tiers du groupe auquel ils s'apprêtaient à enseigner avait un fort potentiel, qu'un autre tiers avait un potentiel normal et que, pour le dernier tiers, on ignorait tout du potentiel des participants. En réalité, on avait réparti tout à fait au hasard les participants dans les trois groupes. Dès lors, la performance de chaque groupe aurait dû être à peu près la même. Pourtant, lors des tests objectifs, les instructeurs ont donné une note sensiblement plus élevée aux participants qu'ils croyaient plus doués, et ces mêmes participants à leur tour, démontraient une attitude plus positive et avaient une meilleure opinion de leurs instructeurs que les autres participants.

Cette recherche montre bien l'importance qu'il faut accorder aux attentes qu'on place dans les gens et que les autres placent en soi. Les participants réussissaient mieux lorsque les attentes de leurs instructeurs étaient plus

Si vous traitez les gens comme s'ils étaient des perdants, ils vous décevront.

élevées ! D'autres études menées avec des enseignants sont arrivées au même résultat : les résultats des élèves étaient fonction des attentes que leur enseignant avait placées en eux.

Il faut donc voir les attentes qui sont placées en nous comme une mesure de ce que nous pouvons réaliser. Nous cherchons à combler ces attentes. Dans le monde du travail, cela signifie que les gestionnaires obtiennent généralement de leurs employés la performance à laquelle ils s'attendent. Si vous traitez les gens comme s'ils étaient des perdants, ils vous décevront. Considérez qu'ils sont capables de réaliser de solides performances, et ils feront tout ce qui est en leur pouvoir pour vous donner raison. Les leaders exigeants obtiennent plus de leurs employés.

Pour quelles raisons les employés envers qui on a des attentes élevées réussissent-ils mieux que les autres ? Parce que les gestionnaires se comportent différemment avec ces employés. D'abord,

Les gestionnaires se comportent différemment avec les employés envers qui ils ont des attentes élevées.

ils répartissent les ressources à leurs employés en fonction des attentes qu'ils ont envers chacun. Ils leur accordent aussi une plus grande attention : un plus grand soutien « émotif » par un langage non verbal approprié (des sourires, un meilleur contact visuel, etc.), des rétroactions plus fréquentes et plus significatives, des objectifs plus stimulants, des affectations plus intéressantes. Ces leaders montrent à ces employés qu'ils ont une grande confiance en eux. Ces employés, en retour, cherchent à parfaire leur formation, à développer leurs compétences et à acquérir une meilleure connaissance de leur domaine. De plus, le soutien du leader aide ces employés à accroître leur confiance en eux, ce qui renforce encore leur conviction qu'ils peuvent réussir.

Il se dégage de tout cela un message pour les leaders : si vous voulez obtenir beaucoup de vos employés, exigez beaucoup d'eux. Dites-leur de vive voix et montrez-leur par votre comportement que vous croyez en eux. Montrez-leur que vous croyez qu'ils ont un potentiel inexploité et qu'ils peuvent accomplir plus que ce qu'ils pensent. Ayez toutefois des attentes réalistes. Si elles sont démesurées, elles risquent de démoraliser l'employé, et cela peut mener à l'échec et à la frustration, puis à une réduction des attentes futures. Si vous aidez vos employés à remporter de petites victoires, ils gagneront confiance en eux et, graduellement, leurs attentes envers eux-mêmes seront plus élevées.

VÉRITÉ

Être un leader charismatique,
ça s'apprend.

De plus en plus de recherches confirment l'importance pour un leader d'être charismatique. Plusieurs des grands leaders qui ont marqué l'histoire se distinguaient par leur charisme. C'était le cas de John F. Kennedy, du Mahatma Gandhi, de Martin Luther King Jr., Steve Jobs, Mary Kay Ash, Richard Branson, Margaret Thatcher, Bill Clinton et Barack Obama.

Qu'est-ce qui fait qu'un leader est charismatique? Les personnes charismatiques ont des caractéristiques communes : la confiance en soi, le désir d'avoir un avenir meilleur plutôt que de simplement vouloir maintenir le statu quo, la capacité de développer une vision, la conviction ferme que cette vision est la bonne et le désir réel de procéder à des changements radicaux lorsque cela est nécessaire.

> On peut adopter des comportements charismatiques et tirer parti du fait qu'on nous considère comme un leader charismatique.

Nous avons tendance à croire que le charisme est une qualité innée. Des recherches récentes semblent indiquer que ce n'est pas le cas. On peut donc adopter des comportements charismatiques et tirer parti du fait qu'on nous considère comme un leader charismatique. Voici quelques-uns des comportements qu'adoptent les leaders charismatiques :

- Dégager une présence dynamique, projeter une image de force et de confiance. Adopter un ton avenant et engageant. Dégager la confiance en soi. Parler directement aux gens, maintenir le contact visuel et adopter une posture qui indique que vous avez confiance en vous. Parler clairement, sans bégayer, en évitant de marmonner des « euh... » entre ses phrases ou de ponctuer celles-ci d'expressions vides de sens, comme « en toute honnêteté... ».
- Formuler clairement son objectif principal. Offrir une vision d'avenir, expliquer de façon non conventionnelle comment on entend atteindre son objectif et transmettre sa vision aux autres. La route

proposée doit être novatrice, mais réaliste et appropriée au contexte. Se rappeler que le succès ne tient pas uniquement à sa vision, mais aussi à sa capacité de faire en sorte que les autres y adhèrent.

■ Faire savoir aux autres que ses attentes sont élevées et qu'on croit qu'ils sauront les combler. Fixer des objectifs élevés, tant pour les personnes que pour les groupes, et exprimer sa conviction qu'ils seront atteints.

Des recherches ont montré qu'il est possible d'apprendre à être charismatique en suivant un processus en trois étapes.

Premièrement, il faut avoir une vision optimiste des choses, utiliser sa passion pour susciter l'enthousiasme des gens et communiquer son message non seulement avec des mots, mais avec tout son être. Deuxièmement, il faut provoquer l'adhésion des gens en établissant avec eux des liens qui les inciteront à nous suivre. Troisièmement, il faut amener les autres à réaliser leur plein potentiel en faisant appel à leurs émotions.

Cette approche semble fonctionner, comme le démontre le succès qu'ont obtenu des chercheurs en élaborant de véritables scénarios que des élèves de l'enseignement collégial devaient apprendre à jouer. On leur a montré à formuler leur objectif principal, à exprimer leurs attentes élevées, à démontrer leur confiance en la capacité de leurs employés à combler ces attentes et en leur propre capacité à répondre aux besoins de leurs employés. On leur a montré à dégager une présence forte, dynamique, et à projeter une image de confiance en soi. Ils ont répété jusqu'à ce que le ton de leur voix soit engageant. Pour qu'ils dégagent une image dynamique et énergique, on leur a montré à utiliser les atouts non verbaux qu'ont les personnes charismatiques : marcher à pas mesurés devant leur auditoire, puis s'appuyer sur un coin du pupitre, s'avancer vers l'auditoire, maintenir le contact visuel, avoir une atitude détendue tout en étant expressif.

Les chercheurs ont ainsi fait la démonstration qu'il est possible d'apprendre à être charismatique. Plus : comparativement aux subalternes d'un leader non charismatique, les subalternes des élèves à qui on avait appris à être charismatiques obtenaient de meilleurs résultats et s'adaptaient plus facilement aux tâches à exécuter et à leur leader.

Cela montre bien que, si certaines personnes possèdent de façon innée les caractéristiques associées au charisme, il est possible d'apprendre ces caractéristiques et, dès lors, d'être perçu comme un leader charismatique.

VÉRITÉ

Les autres doivent pouvoir compter sur vous.

Les leaders efficaces sont une source d'influence parce qu'ils amènent les autres à compter sur eux.

Le pouvoir est la capacité qu'a un leader d'influencer le comportement d'une autre personne ou d'un groupe, de telle sorte que cette personne ou ce groupe fasse quelque chose qu'elle ou il ne ferait pas en temps normal.

Comment faire en sorte que les autres se réfèrent à soi ? Le pouvoir d'une personne s'appuie sur deux éléments : la position qu'elle occupe dans une organisation et ses qualités personnelles.

Dans les organisations, le poste qu'on occupe détermine le niveau d'autorité, et c'est le titre au sein de l'organisation qui détermine le droit de donner des ordres et de s'attendre à ce qu'ils soient suivis. De plus, le poste de gestionnaire donne le droit de récompenser ou de punir ses employés. Les gestionnaires peuvent distribuer les tâches intéressantes, confier les projets les plus importants à telle ou telle personne, évaluer positivement le rendement d'un employé et recommander qu'on lui accorde une augmentation de salaire. Ils peuvent également distribuer à qui ils veulent les tâches ou les quarts de travail les moins intéressants, décider de confier tel projet inintéressant ou peu valorisant à telle personne, faire une évaluation négative d'un employé, recommander que cette personne soit mutée ou rétrogradée et limiter ses possibilités d'augmentation de salaire.

> Il n'est pas nécessaire de détenir un poste d'autorité pour avoir du pouvoir.

Mais il n'est pas nécessaire d'être un gestionnaire ou de détenir un poste d'autorité pour avoir du pouvoir. Il est possible d'influencer les autres par son expertise ou son charisme. Dans une société où la technologie a pris une importance considérable, l'expertise permet de détenir du pouvoir. À mesure que les tâches deviennent plus spécialisées et complexes, les organisations et ceux qui les composent sont de plus en plus dépendants des experts et des spécialistes pour accomplir certaines tâches nécessaires à l'atteinte des objectifs fixés.

Posséder beaucoup d'une ressource trop abondante n'augmente pas son pouvoir.

L'analyste en logiciel, l'expert en fiscalité, l'ingénieur en environnement et le psychologue industriel constituent autant d'exemples de métiers hautement spécialisés qui donnent à celui qui le pratique un pouvoir certain au sein d'une organisation. Si vous êtes le directeur des ressources humaines d'une entreprise et que vous devez choisir les tests de sélection qui vous permettront d'identifier les meilleurs candidats à un poste, vous consulterez le psychologue industriel qui travaille sous vos ordres. Puisque c'est lui qui possède l'expertise, il détient un certain pouvoir, le pouvoir de l'expert. Évidemment, avoir du charisme donne également du pouvoir et de l'influence. La personne charismatique peut utiliser son charisme pour amener les autres à faire ce qu'elle veut qu'ils fassent.

La clé est donc de faire en sorte que les autres comptent sur vous. Comment y parvenir? En prenant le contrôle des ressources les plus importantes et les plus rares.

Rien ne sert de contrôler une ressource dont personne ne veut. Pour que les gens comptent sur vous et soient en quelque sorte dépendants de vous, vous devez contrôler une ressource que les gens considèrent comme importante. Par exemple, les organisations détestent être dans l'inconnu. Les personnes ou les groupes qui sont en mesure de réduire la part d'inconnu au sein d'une organisation exercent un contrôle sur un élément important aux yeux de cette organisation. Autre exemple : durant une grève, les négociateurs patronaux détiennent un pouvoir accru au sein de l'organisation.

Si on est ingénieur en informatique, on détient probablement plus de pouvoir si on travaille pour Intel que pour Procter & Gamble. Une entreprise hautement technologique comme Intel est très dépendante de la compétence de ses ingénieurs pour maintenir son avantage compétitif et la qualité de ses produits. Le groupe Ingénierie y détient un pouvoir certain. Chez Procter & Gamble, par contre, c'est le marketing qui compte ; les spécialistes de cette discipline sont ceux qui détiennent le plus de pouvoir au sein de l'entreprise.

Ces exemples démontrent bien que ceux qui détiennent le pouvoir au sein d'un groupe sont ceux qui sont en mesure de réduire l'incertitude face à l'avenir, mais ils confirment aussi que ce qui importe est proprement circonstanciel. Cela varie d'une organisation à l'autre et, certainement, au fil des années au sein d'une même organisation.

Posséder beaucoup d'une ressource trop abondante n'augmente pas le pouvoir qu'on détient. Pour être source de pouvoir, une ressource doit être rare. Cela explique pourquoi, au sein d'une organisation, certains membres moins bien cotés, mais qui détiennent un important bagage de connaissances que ne détiennent pas des membres plus haut placés, peuvent détenir plus de pouvoir. Cela explique également certains comportements qui peuvent sembler incompréhensibles, comme de détruire le manuel de procédures d'une tâche spécialisée, ou de refuser de former la relève, ou de parler de sa fonction en utilisant une terminologie tellement complexe qu'elle en devient incompréhensible par les autres, ou encore de travailler tellement en secret que son travail apparaît plus complexe et plus difficile qu'il ne l'est en réalité.

VÉRITÉ

À Rome, faites comme les Romains. Avec les Romains, faites comme à Rome.

De nombreux managers sont incapables d'être de bons leaders parce qu'ils ne tiennent pas compte du contexte culturel dans lequel se trouvent leurs employés. Cela vaut pour les gestionnaires qui sont appelés à travailler dans un pays étranger comme pour ceux qui, dans leur pays d'origine, dirigent des employés d'origines culturelles diverses.

Le bagage culturel influence le type de leadership de deux façons : d'abord, il définit le style de leadership, mais aussi ce que les employés sont prêts à accepter de leur leader. Le style de leadership d'un gestionnaire est fonction de l'environnement culturel dans lequel il a été socialisé, comme il est fonction des attentes des employés qui travaillent sous sa direction.

Par exemple, un leadership de type autoritaire sera mieux accepté dans des sociétés elles-mêmes autocratiques, où les inégalités sociales sont plus évidentes. Dans certains pays en effet, on attend des leaders qu'ils soient durs et qu'ils fassent preuve de fermeté. L'empathie et la générosité envers un subalterne sont perçues comme des signes de faiblesse. Dans certains pays marqués par un fort patriarcat et où les valeurs machistes sont toujours bien présentes, on attend d'un leader qu'il soit autoritaire et autocratique, alors que dans d'autres pays où les valeurs d'égalité sont plus présentes, on est plus ouvert à un leadership de type coopératif.

> Le bagage culturel définit le style de leadership du gestionnaire, mais aussi ce que les employés sont prêts à accepter de leur leader.

Les leaders doivent donc prendre en compte les attentes de leurs employés, attentes qui, dans un même pays, peuvent être différentes d'une région à l'autre. Par exemple, un gestionnaire qui travaille dans une entreprise de Los Angeles ayant à son service de nombreux travailleurs d'origine mexicaine devra tenir compte du contexte culturel et du type de leadership qu'ont connus ces employés dans leur pays d'origine .

Un dernier mot sur les différences culturelles : rappelez-vous que la plupart des théories sur le leadership ont été développées en fonction du contexte nord-américain. Ces théories mettent l'accent sur la responsabilisation plutôt que sur les droits, elles tiennent compte

La plupart des théories sur le leadership ont été développées en fonction du contexte nord-américain.

de la nature hédoniste de la société nord-américaine plutôt que du sens du devoir ou des valeurs altruistes, et elles valorisent le travail, les valeurs démocratiques et la rationalité plutôt que la spiritualité, la religion ou les superstitions. Ces théories ne s'appliquent donc pas universellement.

Par exemple, elles ne correspondent pas aux valeurs culturelles de l'Inde, où la spiritualité occupe une place fondamentale dans l'ensemble de la société. Elles ne correspondent pas plus à la société japonaise, où il est toujours important que les employés puissent sauver les apparences, ni à la société chinoise, où on considère comme acceptable d'humilier publiquement un employé.

Les hauts dirigeants de la chaîne de magasins de vente au détail Asia Department Store, dans le centre de la Chine, nous offrent un exemple fort éloquent. Ils pratiquent un type de leadership ouvertement cruel en exigeant des nouveaux employés qu'ils suivent une formation de type militaire de deux à quatre semaines au sein de l'Armée de libération du peuple afin qu'ils soient plus obéissants, puis ils poursuivent leur formation dans des lieux publics où ils sont sévèrement rabroués pour leurs erreurs. Une telle approche, bien sûr, ne pourrait être envisagée dans des pays comme le Canada, la Grande-Bretagne ou le Japon.

VÉRITÉ

Quand le navire tangue, c'est peut-être la faute de la tempête. (Ne blâmez pas le capitaine.)

Jim Collins, réputé spécialiste du management et auteur des best-sellers *De la performance à l'excellence* et *Bâties pour durer* a quelque peu refroidi les ardeurs des inconditionnels du leadership. « L'idée qui veut que la façon de diriger est la réponse à tout est l'équivalent moderne du "Dieu est la réponse à tout..." Dans les années 1500, on attribuait à Dieu tout ce qu'on ne pouvait expliquer. Une mauvaise récolte ? Dieu l'avait voulue. Un tremblement de terre ? Dieu l'avait provoqué. »

Collins fait remarquer que lorsqu'une entreprise connaît du succès, les gens tentent spontanément d'attribuer ce succès à une personne. Cette personne est généralement le PDG de l'entreprise. Lorsqu'une entreprise connaît l'échec, les gens cherchent tout aussi spontanément un coupable. Et le coupable est également le PDG.

> La plus grande part du succès ou de l'échec d'une entreprise tient à des facteurs qui n'ont rien à voir avec le leadership.

Pourtant, la plus grande part du succès ou de l'échec d'une entreprise tient à des facteurs qui n'ont rien à voir avec le leadership de la direction. Dans beaucoup de cas, cela tient au fait d'être à la bonne place au bon moment ou, au contraire, à la mauvaise place au mauvais moment. On attribue la position dominante de Google à son PDG depuis 2001, Eric Schmidt ; ce dernier aurait-il eu le même succès si, en 2001, il avait plutôt accepté le poste de PDG de Yahoo ? Probablement pas, car c'est principalement la technologie unique à Google qui a donné à l'entreprise son avance sur la concurrence.

Lorsque le marché immobilier résidentiel était en forte hausse en 2004 et 2005, et que le prix des maisons neuves augmentait de 5 % par mois, les dirigeants des grands constructeurs immobiliers résidentiels, comme Lennar, D.R. Horton et Pulte Homes, étaient considérés comme des génies. Mais en 2007, avec l'effondrement du marché et les résultats financiers décevants des entreprises qu'ils dirigeaient, on les accusait de tous les maux. À mesure que fondaient les profits de ces entreprises, certains de ces dirigeants étaient congédiés. Puisqu'il est question ici de leadership, posons la question : si le marché immobilier s'effondre et que les acheteurs de maison se font de plus en plus rares, en quoi le fait de congédier le PDG d'un constructeur immobilier contribuera-t-il à accroître la demande pour des maisons neuves ? La réponse est évidente.

Après tout, la croyance voulant que certains types de leadership sont efficaces quelles que soient la situation ou les circonstances est peut-être fausse. Le leadership n'est pas toujours d'une importance capitale. Plusieurs études démontrent que, dans de nombreuses situations, les décisions ou les actions des leaders importent peu. Certains facteurs liés à l'emploi, aux personnes ou aux organisations peuvent neutraliser l'action des leaders, d'autres facteurs peuvent se substituer aux actions du leader et avoir une importance beaucoup plus significative dans l'évolution des organisations.

Les facteurs qui neutralisent les actions des leaders ont pour effet que ces derniers n'ont aucune influence sur l'avenir de leurs employés. Les facteurs qui se substituent aux actions des leaders, eux, rendent toute action du leader non seulement impossible, mais également inutile. En fait, ces facteurs

> Certains spécialistes qui estiment que le rôle du leader est essentiel y accordent en fait une importance démesurée.

remplacent l'influence que pourrait normalement avoir le leader. Par exemple, l'expérience des employés, leur formation, leur orientation professionnelle ou l'indifférence par rapport aux programmes de reconnaissance de l'entreprise, voilà autant de facteurs qui peuvent se substituer aux actions du leader ou neutraliser celles-ci. L'expérience, la formation des employés peuvent avoir le même effet que le soutien du leader ou sa tentative de créer une structure cohérente. Des tâches évidentes ou répétitives, ou encore des tâches qui procurent à celui qui les effectue une intense satisfaction rendent moins nécessaire l'intervention du leader. Et des éléments structurels comme les objectifs formels de l'organisation, des règles et procédures strictes ou encore des équipes de travail efficaces peuvent remplacer le leadership formel.

Il ne faut pas se surprendre du fait que les leaders n'ont pas toujours une influence marquée sur la situation de leurs employés. Bien sûr, certains spécialistes qui estiment que le rôle du leader est essentiel y accordent en fait une importance démesurée. En réalité, il est plutôt présomptueux de croire que les employés sont uniquement guidés par les actions de leurs leaders. Il faut plutôt reconnaître que le leadership est une variable parmi d'autres qui peuvent influencer la performance des employés.

VÉRITÉ

28

Entendre n'est pas écouter.

De nombreux gestionnaires entendent bien, mais écoutent mal. Je m'explique. Pour entendre, il suffit d'avoir de bons tympans alors qu'écouter, c'est donner un sens à ce qu'on entend. Dès lors, écouter exige une attention, de même qu'une capacité de se souvenir et d'interpréter ce qu'on a entendu.

L'écoute efficace est active plutôt que passive. Si on pratique l'écoute simplement passive, on ne fait qu'enregistrer ce qu'on entend, qu'absorber une information. L'écoute active, elle, exige qu'on tente de « pénétrer » dans le cerveau du locuteur et de comprendre ce qu'il a voulu exprimer. En tant qu'auditeur actif, vous tentez donc de comprendre ce que le locuteur a voulu dire plutôt que ce que vous-même en pensez. Vous acceptez aussi ce qu'il vous dit. Vous écoutez objectivement sans porter un jugement. Enfin, vous acceptez l'intégralité des propos du locuteur. Vous faites tout ce qui est nécessaire pour saisir pleinement son intention et le message qu'il vous transmet.

> Pour entendre, il suffit d'avoir de bons tympans. Écouter, c'est donner un sens à ce qu'on entend.

Les 8 comportements qui suivent sont associés à l'écoute active.

- ■ Maintenez un contact visuel. Que ressentez-vous quand quelqu'un vous parle sans vous regarder dans les yeux ? À l'instar de la plupart des gens, vous interprétez cela comme un manque d'intérêt.

- ■ Approuvez de la tête et par vos expressions faciales. Celui qui pratique l'écoute active démontre son intérêt aux propos qu'on lui exprime. Comment ? Principalement par le langage non verbal. Jumelés au contact visuel, les signes d'approbation et les expressions faciales appropriées indiquent à votre locuteur que vous êtes à son écoute.

- ■ Évitez les comportements ou les gestes susceptibles de déranger le locuteur. Évitez les signes qui pourraient laisser croire que vous pensez à quelque chose d'autre. Ne regardez pas votre montre, ne froissez pas des papiers, n'ayez aucun comportement qui peut laisser croire que vous êtes distrait par autre chose. Le locuteur aura l'impression que ses propos vous ennuient, qu'ils sont inintéressants ou que vous ne portez pas attention à ce qu'il tente d'exprimer.

■ **Posez des questions.** Celui qui pratique l'écoute active analyse les propos de celui qui lui parle et pose des questions. Cela permet au locuteur de préciser sa pensée et à vous de comprendre ce qu'il tente d'exprimer, et témoigne de votre écoute.

■ **Utilisez des paraphrases.** Reformulez ce que vient de dire le locuteur en vos propres mots. Utilisez des expressions comme : « Si je vous comprends bien... » ou « Voulez-vous dire que... », etc. En reformulant ce qu'exprime le locuteur, vous vérifiez si vous avez bien compris son propos.

■ **N'interrompez pas votre interlocuteur.** Laissez votre interlocuteur terminer ses phrases avant de répondre ou de parler à votre tour. Ne tentez pas de deviner ses intentions. Lorsqu'il aura fini de s'exprimer, vous vous en apercevrez.

■ **Ne parlez pas en même temps que votre interlocuteur.** Les silences sont parfois source d'un certain malaise, mais on ne peut parler et écouter en même temps. Celui qui pratique l'écoute active ne parle pas en même temps que son interlocuteur.

■ **Assurez-vous que le dialogue est harmonieux.** Lorsque nous discutons avec une autre personne, nous alternons constamment entre les rôles de locuteur et d'auditeur. Celui qui pratique l'écoute active assure une transition en douceur entre ces deux rôles. Lorsqu'il écoute, il se concentre sur ce que le locuteur lui exprime et ne tente pas en même temps de prévoir la réponse qu'il lui fera.

VÉRITÉ

29

Il faut bien choisir son mode de communication.

Neal L. Patterson, PDG de Cerner Corp., une entreprise de conception de logiciels médicaux, aime envoyer des courriels... mais peut-être un peu trop. Las de la pauvre éthique de travail de ses employés, il a fait parvenir un courriel aux 400 gestionnaires qui travaillent sous ses ordres. En voici quelques extraits :

« L'enfer gèlera avant que je vous accorde quelque nouvel avantage que ce soit... Un grand nombre de nos employés de la succursale de Kansas City ne travaillent même plus 40 heures par semaine. À 8 h le matin, le stationnement est à peu près vide et il le redevient à 17 h. Comme gestionnaires, soit vous ignorez ce que font vos employés, soit cela vous indiffère... Alors vous avez un sérieux problème et vous devrez le régler sinon vous serez rapidement congédiés... Votre performance comme gestionnaires me rend malade. »

> Le choix d'une voie de communication dépend de la nature du message, à savoir s'il concerne la routine habituelle ou une situation particulière.

Dans son courriel, Patterson suggérait aussi à ses gestionnaires d'organiser des réunions à 7 h ou à 18 h et même le samedi matin. Il promettait de réduire le personnel de 5 % et d'instaurer un système d'horodateur pour contrôler les entrées et sorties du personnel. Il annonçait même son intention de supprimer des journées de vacances des employés pour compenser les absences non justifiées.

Quelques heures après que Patterson eut envoyé son courriel, le message s'est retrouvé sur Internet. En moins de trois jours, l'action de Cerner Corp. avait perdu 22 % de sa valeur. On pourrait remettre en question le jugement de l'employé qui a mis le message sur Internet, mais une chose est certaine : Patterson avait choisi la mauvaise voie de communication pour faire passer son message. Un message aussi incisif et aussi émotif aurait probablement été livré plus sobrement et aurait reçu un meilleur accueil s'il avait été transmis en personne lors d'une réunion.

Pourquoi choisir une voie de communication plutôt qu'une autre ? Pourquoi le téléphone plutôt qu'une rencontre ? Comment choisir la voie de communication appropriée au message à livrer ?

La capacité de véhiculer des informations varie d'une voie de communication à l'autre. Certaines voies permettent une communication riche parce qu'elles offrent la possibilité de transmettre plusieurs informations simultanément, qu'elles permettent une rétroaction rapide et l'échange d'informations personnalisées. D'autres voies n'offrent pas la même souplesse. Ainsi, une discussion face à face constitue la voie de communication la plus riche, car elle permet de transmettre un maximum d'information durant un même épisode : elle donne de nombreux indices (les mots, la posture, l'expression faciale, les gestes, l'intonation), la rétroaction est immédiate (tant verbale que non verbale) et l'échange est personnel. Le téléphone est une autre voie de communication riche, mais à un degré moindre. Des outils de communication comme un bulletin d'entreprise ou des rapports écrits, parce qu'ils sont impersonnels, sont moins riches. Les courriels, les messageries instantanées et les notes de service se situent entre les deux.

> Les gestionnaires efficaces accordent une plus grande importance que les autres au choix des voies de communication.

Le choix d'une voie de communication dépend de la nature du message, à savoir s'il concerne la routine habituelle ou une situation particulière. Les messages relatifs à la routine quotidienne du travail sont directs et ne laissent place à aucune ambiguïté. Les messages concernant une situation particulière sont plus complexes et ils peuvent être source de malentendu ou d'incompréhension. Les gestionnaires peuvent donc transmettre les messages concernant la routine quotidienne par des voies de communication qui ne sont pas nécessairement riches, contrairement aux messages qui peuvent prêter à interprétation ou être source de malentendu.

La recherche indique que les gestionnaires efficaces accordent une plus grande importance que les autres au choix des voies de communication. Ils parviennent mieux à choisir le mode de communication le plus approprié au message à transmettre.

Ces recherches sur l'importance de choisir des voies de communication riches concordent parfaitement avec deux tendances qu'on observe dans le domaine des pratiques organisationnelles au cours des dernières décennies. D'abord, de plus en plus de hauts dirigeants utilisent les réunions face à face pour communiquer avec leurs employés et sortent régulièrement de leur bureau pour se promener dans les couloirs et discuter avec le personnel. Ces gestionnaires utilisent des voies de communication riches pour diffuser les messages qui pourraient porter à interprétation ou être source de malentendu. Depuis une vingtaine d'années, les entreprises ont dû procéder à des fermetures d'usines, à des licenciements massifs, à des restructurations, à des consolidations ou encore à l'introduction sur le marché, à un rythme accéléré, de nouveaux produits et services, autant de messages qui peuvent être source d'incompréhension ou d'interprétation et qui nécessitent l'utilisation de voies de communication souples et riches. On ne doit donc pas se surprendre que les gestionnaires les plus efficaces y aient recours.

VÉRITÉ

Mémérage, placotage, potinage... Les rumeurs méritent d'être écoutées.

Il y a quelques années, de nombreuses rumeurs couraient au siège social de Coca Cola à Atlanta. La compagnie était en pleine réorganisation et avait, plus tôt dans l'année, procédé au licenciement de 5 200 employés dans ses diverses usines partout au monde. Il y avait de nombreuses rumeurs concernant le départ de hauts dirigeants, des guerres intestines entre grands patrons et d'autres licenciements imminents. Ces rumeurs avaient commencé à miner sérieusement le moral des troupes. Dans une tentative pour les faire taire, le vice-président exécutif de l'entreprise a voulu remettre les pendules à l'heure. Il a reconnu que la direction de l'entreprise n'avait pas été très efficace dans ses communications aux employés relativement aux changements en cours. Il a promis de remédier à la situation et de «communiquer mieux et de façon plus fréquente».

Comme l'a appris la direction de Coca Cola, les rumeurs peuvent constituer une source de distraction importante pour les employés. Cela ne signifie pas qu'on peut complètement éviter les rumeurs, mais il est clair que certaines conditions leur sont favorables. Le plus important, comme l'ont appris les dirigeants de Coca Cola, est de surveiller les rumeurs et de répondre aux interrogations et aux craintes qu'elles soulèvent.

> Les rumeurs sont la réponse à des situations qui nous tiennent à cœur, qui portent à interprétation et qui sont source d'anxiété.

Dans un lieu de travail, les rumeurs ont leur utilité. Elles contribuent à circonscrire l'anxiété et elles permettent de donner un sens à certaines informations partielles ou fragmentaires. Elles peuvent inciter les employés à se regrouper. Enfin, elles indiquent le statut («Je fais partie du groupe et pas toi») ou le niveau de pouvoir («Je peux faire en sorte que tu sois intégré au groupe») de celui qui les véhicule.

Des études ont démontré que les rumeurs sont la réponse à des situations qui nous tiennent à cœur, qui portent à interprétation ou qui sont source d'anxiété. De nombreuses situations de travail comportent ces trois éléments, et cela explique que les rumeurs sont fréquentes au

Les gestionnaires avisés reconnaissent l'existence des rumeurs et s'en servent même de multiples façons.

sein des organisations. Les impératifs de la concurrence et le secret à garder au sein des grandes organisations relativement à la nomination des nouveaux dirigeants, à la réinstallation dans de nouveaux bureaux, aux remaniements de personnel et aux licenciements, tout cela crée une situation favorable aux rumeurs.

Les rumeurs sont inévitables. Elles font partie du système de communication de tout groupe ou organisation. Les gestionnaires avisés en reconnaissent l'existence et s'en servent même de multiples façons. Ils s'en servent pour connaître les enjeux que les employés considèrent comme importants et qui sont susceptibles d'être source d'anxiété. Ils s'en servent comme d'un filtre et comme outil de rétroaction permettant de mettre en évidence les situations importantes pour les employés.

Si une rumeur de licenciements massifs se répand et que vous savez qu'elle est fausse, cette rumeur vous envoie tout de même un message : elle indique une préoccupation réelle et une crainte certaine de la part des employés et, dès lors, on ne doit pas l'ignorer. Il est important que le gestionnaire réponde aux rumeurs en diffusant les messages qu'il veut transmettre aux employés. Il doit surveiller comment se développent et se propagent les rumeurs, tenter de voir quelles personnes sont concernées par quels enjeux et quelles personnes sont susceptibles de propager des rumeurs.

De plus, il doit tenter d'en contrer les effets négatifs en améliorant les communications institutionnelles. Il peut le faire en dévoilant un calendrier pour l'annonce des décisions importantes, en expliquant pourquoi telle décision ou telle mesure impopulaire a été prise, en expliquant clairement les inconvénients de cette décision mais aussi ses avantages, et en discutant ouvertement des conséquences qui pourraient survenir dans le pire des cas.

VÉRITÉ

31

Hommes et femmes ne parlent pas la même langue.

Les recherches confirment ce que nous savons intuitivement depuis au moins notre adolescence : les hommes et les femmes ont de la difficulté à communiquer efficacement. Pour quelle raison ? Parce que pour l'un et l'autre, les objectifs de communication ne sont pas les mêmes. L'homme communique pour se mettre en valeur, tandis que la femme communique dans le but de créer un lien avec l'autre personne. Les gestionnaires doivent tenir compte de cette réalité.

Communiquer, c'est se tenir constamment en équilibre entre deux besoins fondamentaux et pas nécessairement compatibles : le besoin d'intimité avec l'autre et le besoin d'indépendance. L'intimité suppose le rapprochement et la mise en commun ; l'indépendance s'appuie sur les différences avec l'autre. Hommes et femmes gèrent ces situations conflictuelles de façon fort différente. Les femmes recherchent l'intimité et le contact avec l'autre ; les hommes recherchent le statut, le pouvoir et l'indépendance. Pour beaucoup d'hommes, la communication sert principalement à préserver l'indépendance et à maintenir leur place dans la hiérarchie sociale. Pour beaucoup de femmes, la communication est d'abord une négociation en vue d'obtenir un appui et une confirmation de leur valeur. En voici quelques exemples.

> L'homme communique pour se mettre en valeur, tandis que la femme communique dans le but de créer un lien avec l'autre personne.

Les hommes disent fréquemment que les femmes ne cessent de se plaindre et de ressasser leurs problèmes. Ces dernières de leur côté reprochent aux hommes de n'être pas à leur écoute. Lorsqu'une femme exprime à un homme qu'elle a un problème, l'homme tente de trouver une solution à ce problème, alors que la femme se confie dans le but de se rapprocher et de créer une réelle intimité. La femme s'exprime pour créer une relation et obtenir un soutien, et non pas pour que l'homme lui donne son avis. L'échange et la compréhension mutuelle exigent une participation égale de l'un et de l'autre, alors que donner son avis installe une dynamique qui laisse entendre que les deux interlocuteurs ne sont pas égaux, que l'un des deux est plus «compétent» que l'autre. Cette dernière attitude crée une distance entre les deux personnes.

Dans leur façon de communiquer, les hommes ont tendance à être plus directs que les femmes. L'homme dira par exemple: «Je pense que tu n'as pas raison sur ce point.» La femme, elle, plutôt que de remettre

Les femmes sont moins portées que les hommes à fanfaronner.

directement en question une affirmation de son collègue, dira plutôt: «As-tu lu ce que dit le rapport du service de marketing sur cette question?» Beaucoup d'hommes perçoivent ces petits détours que prennent les femmes comme de la sournoiserie. Les femmes, elles, ne tentent pas de s'imposer ou de confirmer leur statut en communiquant de façon trop directe.

De façon générale, les femmes sont moins portées que les hommes à fanfaronner. Elles ont même tendance à diminuer leur pouvoir ou leurs réalisations de peur de paraître imbues d'elles-mêmes et elles tiennent compte des sentiments de l'autre personne. Devant un tel comportement, l'homme peut conclure faussement que la femme manque de confiance en elle ou qu'elle n'est pas aussi compétente qu'elle le devrait.

L'homme reproche souvent à la femme de s'excuser sans cesse. Il voit là un signe de faiblesse et une confirmation que la femme reconnaît sa faute, alors qu'il sait très bien qu'elle n'a rien à se reprocher. La femme aussi sait qu'elle n'a rien à se reprocher. Elle utilise des expressions comme «Je suis désolée» simplement dans le but de maintenir le contact, de démontrer de la compassion. Ce «Je suis désolée» n'est d'aucune manière un aveu de quoi que ce soit; il marque simplement sa compréhension et le fait qu'elle se préoccupe de ce que ressent l'autre personne.

VÉRITÉ

32

Les actes doivent suivre
les promesses.

Ce n'est pas ce que vous dites qui compte, c'est ce que vous faites. Les gestes sont **plus importants** que la parole.

Lorsqu'il y a contradiction entre les paroles et les actions, les gens jugent d'abord les actions. Rappelez-vous la vérité 1 : ce n'est pas le caractère qui compte, c'est le comportement.

Si on applique ce principe à la gestion, c'est dire que le gestionnaire est un modèle pour ses employés : ceux-ci adoptent les attitudes et les comportements de leurs gestionnaires. Ils observent leurs patrons et agissent en conséquence. Cela ne signifie toutefois pas que les mots n'ont plus d'importance. Ce que vous dites peut toujours avoir un impact, mais lorsque vos gestes ne suivent pas vos paroles, les gens vous jugeront en fonction de vos actions.

Les gestes sont plus importants que la parole.

Pour illustrer cela, analysons l'attitude de certains gestionnaires envers leurs employés. Plusieurs gestionnaires rappellent sans cesse l'importance des employés au sein d'une entreprise : « Nos employés constituent notre actif le plus important » ou « Notre succès tient à nos employés ». Mais leurs gestes contredisent leurs belles paroles : en réalité, ils ne tiennent aucun compte des plaintes de leurs employés, sont totalement insensibles aux problèmes personnels qu'ils éprouvent, ne font rien pour retenir les meilleurs d'entre eux. Devant ces contradictions, les employés ne sont pas dupes : ils jugent en fonction des actions plutôt que des mots.

De la même manière, les gestionnaires qui souhaitent que l'intégrité soit une valeur fondamentale au sein de leur entreprise doivent eux-mêmes mettre en pratique ce qu'ils prêchent. Qu'un gestionnaire parle d'éthique et d'intégrité ne sert à rien si lui-même gonfle son allocation de dépenses, rapporte à la maison des fournitures de bureau, arrive en retard le matin et quitte le bureau avant tout le monde. La compagnie Enron, par exemple, avait élaboré un code d'éthique de 64 pages qui définissait les règles de conduite des employés. Ces derniers ont plutôt modelé leurs comportements sur ceux des hauts dirigeants de l'entreprise, qui n'hésitaient pas à effectuer diverses transactions dont ils tiraient des avantages personnels, qui se plaçaient fréquemment en conflit d'intérêts et qui n'hésitaient pas à exploiter les clients de l'entreprise. Du coup, le code d'éthique n'avait plus aucune valeur aux yeux des employés.

Le gestionnaire qui n'appuie pas ses paroles par des actions concrètes risque fort d'être incapable d'instaurer un lien de confiance avec ses employés. Avoir confiance en quelqu'un, c'est avoir la conviction que cette personne ne tentera pas de

Comment peut-on avoir confiance en quelqu'un qui dit une chose, mais fait le contraire ?

profiter de nous ou de la situation. Mais comment peut-on avoir confiance en quelqu'un qui dit une chose, mais fait le contraire ?

Il y a toutefois une exception à ce principe selon lequel les gens accordent plus d'importance aux gestes qu'à la parole. De plus en plus de leaders ont développé une grande habileté à donner aux mots le sens qui sert leurs intérêts et à influencer leur auditoire pour que celui-ci ne retienne que les mots plutôt que les gestes qui devraient s'ensuivre. Les politiciens semblent particulièrement habiles à ce jeu. Pour quelles raisons se laisse-t-on prendre au jeu ? Difficile de le dire avec précision, mais cela confirme que les mots constituent tout de même un outil puissant qui peut modeler les opinions d'autrui. Peut-être aimons-nous croire que nos leaders sont incapables de nous mentir. Peut-être voulons-nous croire tout ce que disent les politiciens que nous estimons. Peut-être sommes-nous portés à donner aux gens à qui nous avons accordé notre vote le bénéfice du doute lorsqu'ils ne respectent pas leur parole. Nous ignorons encore ce qui peut expliquer de telles attitudes.

VÉRITÉ

Les équipes fonctionnent quand 4 conditions sont réunies.

Le travail en équipe est devenu une composante essentielle des organisations. Voyons donc comment les gestionnaires peuvent constituer des équipes de travail efficaces.

L'efficacité d'une équipe tient à quatre facteurs-clés : la conception des tâches, la composition de l'équipe, les ressources disponibles et les autres éléments contextuels, et l'organisation interne de l'équipe.

Le travail en équipe est devenu une composante essentielle des organisations.

La conception des tâches

Une équipe est plus efficace lorsque ses membres disposent d'une grande liberté et d'une grande autonomie, qu'ils ont la possibilité de mettre à contribution leurs talents et leurs compétences, qu'ils sont en mesure de réaliser la totalité d'une tâche ou d'un produit facilement identifiable, et lorsque le fruit de leur travail a un impact important sur les gens ou la société. Les recherches démontrent que lorsque ces caractéristiques sont présentes au sein de l'équipe, les équipiers sont plus intéressés par leur travail et se sentent plus responsables.

La composition de l'équipe

Pour être efficace, une équipe doit regrouper trois types de compétences. Il lui faut des gens disposant d'une solide expertise technique, puis des gens compétents dans la résolution de problèmes et capables de prendre des décisions, et enfin des gens qui savent écouter, donner une rétroaction, sont capables de résoudre des conflits et disposent d'autres qualités interpersonnelles.

La personnalité des membres a une influence significative sur le comportement général de l'équipe. Plus particulièrement, les équipes qui obtiennent des scores plus élevés que la moyenne lorsqu'on mesure des attitudes comme l'extraversion, l'amabilité, la minutie et la stabilité émotionnelle (voir la vérité 6 : La conscience professionnelle est une valeur sûre) obtiennent généralement une évaluation supérieure de la part de leurs gestionnaires.

Les équipes les plus efficaces ne sont ni trop petites (moins de 4 ou 5 personnes) ni trop grandes (12 personnes ou plus). Lorsqu'elles sont trop petites, elles n'offrent pas une diversité de points de vue suffisante ; lorsqu'elles sont trop grandes, il est plus difficile de faire avancer le travail.

Les équipes formées de gens polyvalents qui peuvent s'échanger les diverses tâches sont avantagées parce qu'elles s'adaptent à un plus grand nombre de situations et qu'elles sont moins dépendantes de la performance de quelques-uns de leurs membres.

Tous les employés ne sont pas de bons joueurs d'équipe. Lorsque des gens préfèrent travailler seuls et qu'ils sont contraints de travailler en équipe, c'est tout le moral de l'équipe qui s'en ressent. Lorsqu'on constitue une équipe, c'est une considération dont il faut tenir compte, au même titre que les aptitudes, les personnalités et les compétences de chacun.

> Lorsque des gens préfèrent travailler seuls et qu'ils sont contraints de travailler en équipe, c'est tout le moral de l'équipe qui s'en ressent.

Le contexte

Trois éléments contextuels sont particulièrement susceptibles de nuire au rendement d'une équipe de travail, soit les ressources disponibles, la qualité du leadership de même que le système d'évaluation et le programme de reconnaissance, qui doivent refléter la contribution de l'équipe.

Les équipes de travail font partie d'une organisation. Dès lors, ces équipes comptent sur des ressources extérieures à elles. Ces ressources peuvent être, par exemple, de pouvoir disposer du matériel et du personnel appropriés, d'avoir accès, au moment opportun, aux renseignements nécessaires, de recevoir les encouragements et les appuis suffisants. Si une équipe n'obtient pas ces ressources, elle ne sera évidemment pas en mesure de produire un travail de qualité.

Les membres de l'équipe doivent s'entendre sur la répartition des tâches et s'assurer que chacun contribue également. L'équipe doit aussi établir son calendrier de travail, définir les compétences requises pour qu'elle atteigne ses objectifs, puis déterminer la façon de résoudre les conflits éventuels et de prendre les décisions. Pour s'entendre ainsi sur les éléments plus spécifiques de l'organisation du travail et pour être capable d'intégrer tous ses membres, l'équipe doit être bien structurée et doit pouvoir compter sur un fort leadership.

Comment faire en sorte que chaque membre de l'équipe se sente responsable à la fois personnellement et collectivement ? Les processus d'évaluation traditionnels, qui évaluent le travail des individus, doivent être adaptés pour refléter la performance collective. La direction doit donc évaluer la contribution individuelle tout comme la performance du groupe, mettre en place un programme de reconnaissance qui s'applique aux groupes et apporter d'autres modifications aux processus habituels afin d'encourager l'effort collectif et l'engagement de tous.

L'organisation interne

Le dernier élément déterminant dans l'efficacité de l'équipe est son organisation et sa dynamique interne, c'est-à-dire le degré d'engagement de chacun, l'établissement d'objectifs communs et la gestion efficace des conflits.

Pour être efficace, une équipe doit mettre beaucoup d'efforts à fixer un but commun auquel chaque membre pourra s'identifier, car cette quête commune donne l'orientation à l'équipe, lui fournit son élan et amène chacun des membres à s'engager pleinement.

Ce but collectif doit se traduire en objectifs spécifiques réalistes et mesurables qui forceront l'équipe à se concentrer sur les résultats.

> Le but collectif doit se traduire en objectifs spécifiques, réalistes et mesurables.

Les conflits au sein d'une équipe ne sont pas nécessairement une mauvaise chose. Parce qu'ils donnent lieu à des discussions, qu'ils favorisent l'évaluation critique et la recherche de solutions de rechange, les conflits peuvent parfois amener l'équipe à prendre de meilleures décisions.

LES ÉQUIPES FONCTIONNENT QUAND 4 CONDITIONS SONT RÉUNIES.

VÉRITÉ

2 et 2 ne font pas toujours 4.

Les adeptes du travail d'équipe disent souvent que l'une des raisons pour lesquelles les entreprises devraient adopter le principe des équipes de travail est qu'il se crée entre les membres une synergie bénéfique. Ainsi, disent-ils, le résultat auquel l'équipe arrive est supérieur au résultat auquel on serait parvenu si chacun avait travaillé individuellement, parce que l'esprit d'équipe amène chacun à y mettre plus d'efforts. Pour prendre une image, on pourrait dire que 2 + 2 égale 5. En réalité, cela joue des deux côtés : le travail d'équipe peut au contraire avoir des effets négatifs, certaines personnes mettant à la tâche moins d'efforts lorsqu'elles travaillent en équipe que lorsqu'elles travaillent seules. On pourrait dire alors que 2 + 2 égale 3 ! Ce comportement a un nom : la paresse sociale.

À la fin des années 1920, un psychologue allemand, Max Ringelmann, a comparé les résultats individuels et collectifs d'un groupe de personnes faisant

Le travail d'équipe peut avoir des effets négatifs.

de la souque à la corde. Il s'attendait à ce que l'effort d'un groupe soit égal à la somme des efforts de chaque membre du groupe. Par exemple, il s'attendait à ce qu'un groupe de trois personnes exerce sur la corde, en moyenne, une pression trois fois supérieure à celle exercée par une seule personne, et qu'un groupe de huit personnes exerce une pression huit fois supérieure à celle d'une personne. Il arriva à des résultats tout à fait différents. En moyenne, les groupes de trois personnes n'exerçaient une pression que deux fois et demie supérieure à la pression moyenne exercée par une seule personne. Les groupes de huit personnes, eux, n'exerçaient une pression que quatre fois supérieure à celle d'une seule personne.

Lorsqu'on a repris l'expérience de Ringelmann avec des exercices semblables, on est généralement arrivé aux mêmes résultats : la force d'un groupe n'est pas directement proportionnelle au nombre d'individus qui le composent. Bien sûr, la force totale combinée d'un groupe de quatre personnes est supérieure à la force d'une seule personne ou d'un groupe de deux personnes, mais la force individuelle décline lorsqu'on se retrouve au sein d'un groupe.

Comment expliquer cette paresse sociale ? Peut-être par la conviction que les autres membres du groupe ne fournissent pas tout l'effort qu'ils devraient. Si vous avez la certitude que votre équipier est paresseux, vous serez porté à réduire vous-même votre effort

La force d'un groupe n'est pas directement proportionnelle au nombre d'individus qui le composent.

(voir la vérité 16 : Une juste rémunération accroît la motivation) Une autre explication possible pourrait être la dispersion des responsabilités de chacun au sein de l'équipe. Parce que les résultats du groupe ne peuvent être attribués à une personne en particulier, il n'est pas évident de déterminer la part de chacun. Dès lors, certaines personnes peuvent être tentées d'abandonner et de simplement profiter de l'effort du groupe. En d'autres mots, elles réduisent leur effort si elles constatent que celui-ci ne peut être mesuré.

Comment contrer les effets de cette paresse sociale sur l'organisation du travail des équipes ? Simplement en prévoyant des mécanismes pour identifier et évaluer les performances individuelles au sein de l'équipe. Si cela n'est pas fait, vous devrez déterminer si la perte de productivité associée au travail d'équipe vaut les gains que vous réalisez en matière de satisfaction du personnel.

VÉRITÉ

Une seule pomme pourrie
suffit pour gâter le panier.

C'est un cliché, bien sûr : une seule pomme pourrie suffit à gâter tout le panier. Cet adage s'applique-t-il au travail d'équipe ? Bien sûr. Les recherches confirment que si, dans un groupe restreint, un seul membre ne collabore pas, se plaint constamment, est malheureux au sein du groupe ou tente d'intimider les autres membres, c'est toute la capacité du groupe à fonctionner efficacement qui est compromise.

Ces fauteurs de troubles sont généralement peu nombreux dans une organisation, mais ils exigent beaucoup d'attention. Les équipes qui comptent ne serait-ce qu'un seul de ces trouble-fête risquent beaucoup plus de vivre des conflits internes. Elles peuvent s'attendre à ce que les communications entre les membres du groupe soient

Les gestionnaires doivent agir rapidement afin d'éviter que cette « pomme pourrie » ne contamine tout le panier.

déficientes et que certains membres refusent de collaborer avec les autres. Les résultats de l'équipe en souffriront.

Il n'est pas facile de contrôler ces fauteurs de troubles, surtout s'ils sont des membres établis de l'équipe ou des employés de longue date. Les gestionnaires doivent agir rapidement afin d'éviter que la « pomme pourrie » ne contamine tout le panier. Puisque les influences négatives font leur œuvre plus rapidement que les positives, il faut être proactif et identifier rapidement la source de ces influences négatives.

Pour régler le problème, les membres de l'équipe se tourneront vers le leader, le chef de l'équipe. Quelles mesures entend-il prendre ? Si le fauteur de troubles est un nouvel employé, le gestionnaire doit immédiatement mettre fin au lien d'emploi avec celui-ci pendant qu'il est encore en période d'essai. Le problème est plus sérieux lorsque le fauteur de troubles est un employé bien intégré qui subitement adopte une attitude négative. On doit reconnaître sa contribution passée, l'aider à comprendre son changement d'attitude et voir s'il peut retrouver une attitude plus positive. Si le gestionnaire n'intervient pas ou si ses mesures sont inefficaces, les autres membres de l'équipe seront constamment sur la défensive et finiront par rejeter la personne fautive. Si l'équipe ne parvient pas à résoudre le problème, ses membres accumuleront de la frustration, et l'efficacité du groupe déclinera sérieusement.

Si l'employé refuse de modifier son attitude ou de changer ses mauvaises habitudes de travail, le gestionnaire doit rapidement se débarrasser de cette pomme pourrie. Ces personnes sont souvent des manipulateurs de talent et tenteront de reporter la faute sur quelqu'un d'autre ou encore, pour faire contrepoids, elles essaieront de se montrer, pendant un certain temps, sous leur meilleur jour. Dans beaucoup d'organisations, malheureusement, on pense régler le problème en refilant l'employé fautif à un autre service ou à une autre équipe. Les gestionnaires hésitent souvent à congédier un employé de longue date ou qui détient un statut d'employé permanent et croient résoudre le problème en le mutant. Ces organisations doivent mettre fin à cette pratique. Et les gestionnaires doivent avoir la certitude que l'organisation les appuiera dans leur décision de congédier un employé lorsque sa conduite le justifie et est largement documentée.

> Ce dont il faut surtout se souvenir, c'est que les fauteurs de troubles peuvent véritablement contaminer tous les membres de l'équipe.

Ce dont il faut surtout se souvenir, c'est que les fauteurs de troubles peuvent véritablement contaminer tous les membres de l'équipe. Ils peuvent saper le moral et affecter la performance de tout un chacun. Les ignorer en espérant qu'ils modifient leur comportement est rarement une solution efficace. Bien sûr, le processus de consultation avec l'employé, l'ouverture et la documentation d'un dossier disciplinaire, le processus qui mène au congédiement et les nombreuses mesures qui doivent être prises, tout cela est exigeant, mais si vous ne faites rien, vous-même et l'organisation en paieront le prix.

VÉRITÉ

Les entreprises sont à l'image de la société : pleines d'inégalités.

Plusieurs personnes croient que le statut social des gens n'a plus autant d'importance qu'autrefois. Le mouvement de libération des années 1960, les lois relatives aux droits civiques, le développement rapide de l'entrepreneuriat et des technologies de masse comme Internet, tout cela a entraîné l'émergence d'une société plus égalitaire. Mais en réalité, nous vivons toujours dans une société essentiellement hiérarchique.

Malgré l'évolution des dernières décennies vers une société plus égalitaire, les classes sociales ont toujours leur importance. Même les plus petits groupes adoptent des rituels et des mécanismes pour différencier leurs membres.

> Nous vivons toujours dans une société structurée en classes sociales.

Dans les entreprises de haute technologie, où tout est si convivial et où on affirme avoir en horreur les hiérarchies, le statut des gens a son importance.

Prenons comme exemple le courrier électronique. Voici un outil de communication qui a beaucoup contribué à « démocratiser » les communications au sein des organisations. Il permet de communiquer avec tous les membres de l'organisation, quel que soit leur niveau hiérarchique, et sans avoir recours à un protocole rigide et formel. Le statut social a pourtant pénétré le monde de la messagerie électronique. Une étude portant sur quelque 30 000 messages électroniques envoyés par les employés d'une entreprise de haute technologie, où aucun membre du personnel n'a de titre officiel, où les employés sont regroupés en équipes de travail et où on affirme fièrement que les décisions se prennent en toute collégialité, révèle une chose fort intéressante : les employés ont trouvé des façons d'instaurer une hiérarchie sociale.

Ceux qui possèdent un statut élevé au sein de l'entreprise ont en effet tendance à envoyer des messages brefs et au ton sec, façon pour ces employés de limiter leurs contacts avec ceux dont le statut n'est pas aussi élevé, mais aussi de se convaincre eux-mêmes qu'ils détiennent un certain statut. Les subalternes, au contraire, ont tendance à écrire des messages plus longs, plus explicatifs et chargés du jargon spécialisé, même pour parler des sujets les plus simples. Ils sont plus susceptibles aussi d'inclure dans leurs courriels des éléments qui ne sont pas liés à leur travail, de joindre des blagues et d'y inclure des binettes. De plus, les membres de la haute direction sont ceux qui mettent le plus de temps à répondre aux messages,

Même les plus petits groupes adoptent des rituels et des mécanismes pour différencier leurs membres.

qui font le plus de fautes d'orthographe et de grammaire, voulant signifier par là qu'ils ont des choses bien plus importantes à faire que de répondre à des courriels.

Connaître l'importance du statut social est essentiel à la compréhension des comportements humains parce que la recherche d'un statut social est un puissant motivateur et que ne pas en tenir compte peut causer de sérieux problèmes dans les relations entre les gens. Un titre pompeux, un vaste bureau ou même une carte professionnelle tape-à-l'oeil peuvent constituer pour certains une puissante source de motivation. À l'inverse, l'absence de tels signes apparents peut faire en sorte qu'une personne pourra se sentir moins importante qu'une autre. Les iniquités relatives au statut social peuvent être source de frustration, peuvent nuire à la performance des employés et même en inciter certains à quitter leur emploi.

Gardez également en tête que ce qui détermine le statut social diffère d'une culture à l'autre. Par exemple, en Amérique du Sud et en Asie, le statut social dépend de la position qu'on occupe dans la famille et du titre qu'on porte au sein d'une entreprise ou d'une organisation. En Amérique du Nord et dans d'autres pays occidentaux, le statut social est beaucoup plus fonction des réalisations de la personne. Lorsqu'on est en contact avec des gens d'autres cultures, il faut donc connaître ce genre de références culturelles. Un gestionnaire nord-américain qui ne comprend pas que pour un haut dirigeant japonais, la grandeur du bureau n'a aucune importance, ou qui ne sait pas qu'un Britannique accorde beaucoup d'importance à l'ascendance familiale et aux classes sociales risque d'offusquer involontairement son partenaire japonais ou britannique, et alors de compromettre leur relation.

VÉRITÉ

37

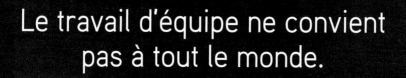

Le travail d'équipe ne convient
pas à tout le monde.

Nous ne sommes pas tous naturellement portés vers le travail d'équipe. Certaines personnes cherchent avant tout à être reconnues pour leurs réalisations individuelles. D'ailleurs, beaucoup d'organisations ont toujours valorisé la réussite individuelle. Ces organisations ont créé un environnement de travail où chacun est en compétition contre les autres et où seuls les plus performants survivent. Lorsque ces organisations décident d'instaurer le travail d'équipe, c'est toute la culture de l'entreprise, basée sur l'individualisme, qui est remise en question. Tous les peuples n'ont pas la même attitude par rapport au travail d'équipe. Qu'arrive-t-il lorsqu'une organisation veut instaurer le travail d'équipe dans une société où, depuis leur naissance, les gens sont fortement incités à adopter des comportements individualistes ?

Pour que le travail d'équipe soit efficace, il faut donc être en mesure de vaincre les résistances de certaines personnes. Lorsqu'on travaille en équipe, la réussite d'un employé ne se mesure pas uniquement à sa performance individuelle. Chaque employé doit savoir communiquer avec ses équipiers en faisant preuve d'ouverture et d'honnêteté, être capable de gérer les différences et de résoudre les conflits, faire passer les intérêts de l'équipe avant ses propres intérêts. Plusieurs personnes en sont incapables. Il sera d'autant plus difficile de créer un bon esprit d'équipe dans les sociétés axées sur les valeurs individuelles et au sein des organisations qui, historiquement, ont toujours valorisé la réussite personnelle, comme cela est le cas en Amérique du Nord.

C'est le défi qu'ont dû relever les gestionnaires de grandes entreprises américaines, comme AT&T, Ford ou Motorola. Ces compagnies s'étaient développées et avaient prospéré en embauchant des « stars » de la

> Chaque employé doit savoir communiquer avec ses équipiers en faisant preuve d'ouverture et d'honnêteté, être capable de gérer les différences et de résoudre les conflits, faire passer les intérêts de l'équipe avant ses propres intérêts.

gestion qui avaient installé au sein de l'entreprise un climat hautement compétitif où on récompensait les performances individuelles. Lorsque ces entreprises ont instauré les équipes de travail et valorisé la performance collective, les employés ont subi tout un choc. Un employé de longue date d'une de ces entreprises disait : « Je viens d'avoir ma première évaluation négative en 20 ans. C'est dur... »

Il est évidemment plus facile pour les gestionnaires d'implanter le travail d'équipe dans des sociétés qui valorisent l'effort collectif. C'est le cas dans des pays comme le Japon ou le Mexique. La tâche sera également plus facile si l'instauration du travail en équipe se fait dès l'installation de l'organisation dans un lieu. L'implantation de l'usine de Mercedes-Benz en Alabama en fournit un bon exemple. Dès le début, en effet, on a informé les employés qu'ils travailleraient en équipe. On a même fait de la capacité de travailler en équipe un des principaux critères d'embauche.

Les gestionnaires peuvent s'appuyer sur trois éléments principaux lorsqu'ils souhaitent passer d'une approche axée sur le travail individuel à une approche axée sur le travail d'équipe.

- ■ **La sélection.** Certaines personnes possèdent naturellement les qualités interpersonnelles qui en font de bons équipiers. À l'embauche, assurez-vous qu'en plus des compétences techniques, les candidats ont cette capacité de bien fonctionner en équipe.
- ■ **La formation.** Une personne élevée dans un environnement qui prônait la réussite individuelle peut apprendre à travailler efficacement en équipe. Des formations permettent d'apprendre les vertus du travail d'équipe et d'acquérir des compétences en résolution de problèmes, en communication, en négociation, en gestion de conflits et en accompagnement professionnel.
- ■ **La reconnaissance.** Le programme de reconnaissance de l'entreprise doit être modifié de façon à récompenser l'effort collectif plutôt que l'effort individuel. Les promotions, les augmentations de salaire et autres formes de reconnaissance doivent être accordées en fonction de la capacité d'une personne à bien travailler en équipe.

Bien sûr, durant le processus de transformation d'une approche individuelle à une approche par équipe, certains employés résisteront au changement, refuseront d'apprendre les nouvelles méthodes ou seront peut-être même incapables de s'y adapter. Il y a à ce problème deux solutions possibles : soit que l'employé soit muté à un service de l'entreprise où on n'a pas adopté le travail d'équipe, soit que l'employé soit invité, tout simplement, à quitter l'entreprise.

VÉRITÉ

38

Il est bon de soigner
ses moutons noirs.

Nous avons déjà mentionné que les conflits au sein d'une équipe ne sont pas nécessairement une mauvaise chose. Les recherches montrent qu'il peut exister trois types de conflits dans une équipe : les conflits liés aux tâches, soit la nature du travail et les objectifs, ceux qui sont liés aux relations entre les membres de l'équipe et ceux concernant les processus de travail et les modes de fonctionnement de l'équipe. Si les conflits relationnels sont le plus souvent dommageables tant pour l'équipe que pour l'organisation, un certain niveau de conflit lié aux tâches à accomplir ou aux processus de travail peut être bénéfique. On n'est certes pas habitué d'entendre parler de conflits en termes positifs, mais certains conflits peuvent bel et bien avoir des effets bénéfiques.

Un conflit peut permettre de prendre de meilleures décisions parce qu'il nous force parfois à tenir compte de tous les aspects d'une question, particulièrement les plus inhabituels ou qui importent à une minorité de personnes. Alors, le conflit qui éclate fait en sorte que nous évitons de prendre des décisions « automatiques » guidées uniquement par l'habitude et en fonction de considérations finalement peu pertinentes. Un conflit peut également nous inciter à remettre en question le statu quo, donc il peut stimuler la créativité, l'innovation, l'intérêt et la curiosité des membres de l'équipe et mener à de nouvelles idées. Un conflit peut contribuer à mettre au jour certains problèmes, à abaisser les tensions au sein du groupe et à revoir les objectifs de l'équipe. Il peut enfin contribuer à l'autocritique et constituer un facteur de changement.

> Une grande part des problèmes qu'a connus GM au cours des quatre dernières décennies s'expliquent par l'absence d'avis conflictuels au sein de l'entreprise.

General Motors constitue l'exemple parfait d'une entreprise qui a payé le prix pour n'avoir pas compris qu'un certain niveau de conflit au sein de l'entreprise peut lui être bénéfique. En fait, une grande part des problèmes qu'a connus GM au cours des quatre dernières décennies s'expliquent par l'absence d'avis conflictuels au sein de l'entreprise. La compagnie a embauché et a fait monter dans la hiérarchie des gestionnaires loyaux qui ne remettaient pas en question les façons de faire de l'entreprise, des hommes anglo-saxons conservateurs, pour la plupart originaires du Midwest américain

Un certain niveau de conflit au sein d'une organisation peut avoir un effet positif sur la productivité.

et réfractaires au changement. D'un ton moralisateur, ils affirmaient que ce qui avait fonctionné dans le passé fonctionnerait encore pour les prochaines années. De plus, ces hauts dirigeants, réfugiés dans leurs vastes bureaux à Detroit, se tenaient entre eux, évitant soigneusement de remettre quoi que ce soit en question.

Il existe de nombreuses preuves qu'un certain niveau de conflit au sein d'une organisation peut avoir un effet sur la productivité. On a démontré, par exemple, que la performance d'un groupe formé depuis un certain temps est meilleure lorsqu'il existe un certain niveau d'affrontement entre ses membres. Les chercheurs ont observé que, dans un groupe où les décisions sont constamment discutées et remises en question et où s'expriment certains désaccords, la performance s'accroît en moyenne de 73 %. D'autres chercheurs ont obtenu des résultats semblables : les groupes formés de gens qui ont des intérêts divergents trouvent généralement de meilleures solutions à une diversité de problèmes que les groupes plus homogènes.

Il a été démontré aussi que la diversité culturelle au sein d'un groupe accroît la créativité du groupe, l'amène à prendre de meilleures décisions et, en raison de la capacité d'adaptation des membres du groupe, cette diversité culturelle est un instrument de changement. Par exemple, les chercheurs ont comparé le processus de prise de décision dans un groupe entièrement formé de personnes d'origine anglo-saxonne et dans un groupe formé de personnes d'origines asiatique, hispanique et afro-américaine. Ce dernier groupe développait des idées plus efficaces, plus réalistes et de meilleure qualité que le groupe formé uniquement d'Anglo-Saxons. Des études menées auprès d'équipes de spécialistes de l'analyse des systèmes et de la recherche et développement confirment également les effets positifs des conflits. Une recherche menée auprès de 22 équipes d'analystes de système a démontré que les groupes dans lesquels il y a certaines incompatibilités entre les membres sont généralement plus productifs. Dans les équipes de spécialistes en recherche et développement, on a constaté une plus grande productivité lorsque existe un certain niveau d'affrontements intellectuels entre les membres.

VÉRITÉ

39

C'est une bonne idée d'inviter
l'avocat du diable à sa table.

Tout comme moi, il vous arrive probablement parfois, dans une réunion ou lors d'une discussion de groupe, d'avoir envie d'émettre votre opinion, mais de finalement décider de ne pas intervenir. Nous agissons ainsi par crainte de remettre en question l'opinion dominante au sein du groupe. C'est le phénomène de la pensée unique, qui s'installe lorsqu'un groupe accorde une telle importance à la recherche d'un consensus que cela empêche toute tentative de remise en question, même pertinente, ou toute expression d'une opinion contraire à l'opinion dominante. La pression du groupe est telle qu'elle bloque toute réflexion individuelle.

Nous avons tous été témoins des manifestations de ce genre de phénomène :

- ■ Les membres d'un groupe rationaliseront tout argument susceptible de remettre en question les postulats du groupe. Même lorsque cette remise en question pourrait être légitime et justifiée, les membres s'efforcent de renforcer les postulats.

- ■ Les membres exercent, directement, des pressions sur ceux qui osent exprimer un doute sur une perception commune ou sur les arguments mis de l'avant par la majorité.

- ■ Ces membres qui sont tentés d'aller à contre-courant ou qui ont une opinion divergente se gardent bien d'exprimer leur désaccord par rapport au consensus. Ils iront même jusqu'à remettre en question leur propre opinion.

- ■ Il y a apparence d'unanimité, car si personne ne s'oppose, on tient pour acquis que tout le monde est d'accord : s'abstenir, c'est accepter.

Si on étudie l'histoire des États-Unis, on constate que le phénomène de la pensée unique a mené à de nombreuses décisions catastrophiques en matière de relations internationales. On pense en effet au manque de préparation de l'armée lorsqu'est survenue l'attaque de Pearl

> Si personne ne s'oppose, on tient pour acquis que tout le monde est d'accord.

Harbor, en 1941, à l'invasion de la Corée du Nord au début des années 1950, au fiasco de la baie des Cochons en 1961, à l'escalade qui a mené à la guerre du Vietnam au milieu des années 1960. Des événements comme l'explosion de la navette Challenger en 1986 et la défaillance du télescope spatial Hubble en 2004 ont aussi été associés au phénomène de la pensée unique au sein de la NASA. Enfin, la conclusion à laquelle est arrivé le Sénat américain quant à l'existence en Irak d'armes de destruction massive, conclusion basée sur des données fort discutables fournies par la CIA, peut être imputée au phénomène de la pensée unique.

Ce phénomène ne touche pas tous les groupes. Il se manifeste plus fréquemment au sein des groupes où il y a une identité collective forte, où les membres ont une image très positive du groupe et où ils perçoivent que cette image positive est menacée. Dès lors, la pensée unique ne se développe pas pour contrer les dissensions possibles au sein du groupe, mais constitue plutôt un mécanisme qui a pour but de protéger l'image positive du groupe. Dans les cas de l'explosion de la navette Challenger et de la défaillance du télescope Hubble, par exemple, le phénomène de la pensée unique permettait à la NASA de renforcer la conviction de tous selon laquelle cette organisation, qui après tout regroupait les plus grands spécialistes, ne pouvait se tromper.

> Vous pouvez trouver des exercices qui favorisent la recherche de solutions de rechange, sans toutefois que cela menace la cohésion du groupe.

Que pouvez-vous faire, en tant que gestionnaire, pour éviter le phénomène de la pensée unique ou en réduire les effets ? D'abord, à titre de leader du groupe, jouer véritablement votre rôle, c'est-à-dire éviter de donner d'emblée votre opinion, surtout aux premières étapes d'un projet, et solliciter l'avis de tous les membres de l'équipe. Puis, nommer quelqu'un qui jouera systématiquement le rôle de l'avocat du diable. Cette personne aura comme tâche de remettre ouvertement en question les opinions majoritaires et elle devra apporter un point de vue différent.

Vous pouvez également trouver des exercices qui favorisent les discussions et la recherche de solutions de rechange, sans toutefois que cela menace la cohésion du groupe ni ne renforce le besoin de protéger l'identité du groupe. Ces exercices ont pour but d'amener le groupe à discuter des dangers et des risques que pourrait présenter une décision et non pas uniquement des aspects positifs de celle-ci. En discutant des effets potentiellement néfastes d'une décision, les membres du groupe seront moins portés à écarter les points de vue dissidents et pourront évaluer les enjeux de façon plus objective.

VÉRITÉ

40

Les employés veulent
des solutions pour concilier
travail et vie privée, pas juste
des beaux mots.

Dans les années 1960 et 1970, les gens travaillaient généralement huit heures par jour, du lundi au vendredi. Tout le monde savait à quoi s'attendre. Ce n'est plus le cas aujourd'hui : de plus en plus de gens se plaignent maintenant qu'il n'y a plus de démarcation claire entre le travail et la vie personnelle, et cela est source de conflit et de stress.

De nombreux facteurs ont contribué à cette situation.

Premièrement, en raison de la mondialisation de l'économie, le monde n'est jamais vraiment au repos. À toute heure du jour et de la nuit, des employés de General Electric travaillent quelque part dans le monde. Certains doivent parfois consulter des collègues qui sont à l'autre bout de la planète, ce qui suppose que ces collègues doivent évidemment être disponibles, certains pratiquement 24 heures sur 24, 7 jours sur 7.

Deuxièmement, avec l'évolution des technologies des communications, on peut maintenant travailler de la maison et même de son auto ou sur une plage de Tahiti. Un grand nombre de personnes occupant des emplois techniques ou professionnels travaillent donc ailleurs que dans des bureaux.

Troisièmement, les organisations exigent de leurs employés qu'ils travaillent un plus grand nombre d'heures qu'auparavant. Par exemple, 63 % des Américains travaillent aujourd'hui plus de 40 heures par semaine et environ 40 % travaillent plus de 50 heures par semaine.

Enfin, la famille type d'aujourd'hui a un ou deux enfants et les deux membres du couple travaillent. Dans les années 1980, environ 50 % des femmes vivant en couple et ayant des enfants avaient un emploi. Aujourd'hui, cette proportion est de 70 %. Il est dès lors de plus en plus difficile pour les couples de trouver le temps de vivre une vie familiale et une vie de couple épanouies, de s'occuper des enfants, de voir les amis et les parents, etc.

> Les employés constatent que leur travail empiète de plus en plus sur leur vie personnelle, et cela les attriste.

Les employés constatent que leur travail empiète de plus en plus sur leur vie personnelle, et cela les attriste. Ainsi, des études récentes indiquent que les travailleurs recherchent des emplois qui leur permettent des horaires variables de façon à gérer plus facilement les inévitables conflits entre le travail et la vie personnelle. Et il est probable que cette tendance ira en s'accentuant : une majorité d'étudiants des collèges et des universités disent que l'équilibre entre la vie professionnelle et la vie personnelle est plus important à leurs yeux que de simplement atteindre leurs objectifs

Les gestionnaires qui ne font rien pour aider leurs employés à atteindre l'équilibre entre leur vie professionnelle et leur vie personnelle auront de plus en plus de difficulté à attirer et à retenir les candidats les plus compétents et les plus motivés.

professionnels. Bref, ils veulent vivre autant qu'ils veulent travailler. Les gestionnaires qui ne font rien pour aider leurs employés à atteindre cet équilibre auront de plus en plus de difficulté à attirer et à retenir les candidats les plus compétents et les plus motivés.

Que peut donc faire le gestionnaire pour favoriser cet équilibre ? La réponse s'impose d'elle-même : offrir un environnement de travail souple et permettre à l'employé de faire des choix. Ce sera par exemple de permettre les horaires variables, le télétravail, d'offrir des congés rémunérés, d'offrir dans l'entreprise les services d'une garderie ou une salle d'exercice. On peut penser à d'autres possibilités, comme le partage d'emploi, des camps de jour pour les enfants durant le congé estival, un service de référence pour les services aux personnes âgées, un service de collecte et de retour pour le nettoyage à sec des vêtements, un service d'entretien des automobiles ou encore des services gratuits de consultation juridique ou fiscale.

Plusieurs entreprises de haute technologie sont à l'avant-garde dans ce domaine. La compagnie Intel, par exemple, a ouvert des bureaux satellites dans la baie de San Francisco pour les employés qui ne veulent pas avoir à se rendre au siège social de l'entreprise. La compagnie Cisco a ouvert, au coût de 10 millions, une garderie qui peut accueillir 440 enfants. Microsoft offre à ses employés la livraison gratuite de leur épicerie. Qualcomm a sur place des centres de conditionnement physique et Google offre des services gratuits de consultation médicale et donne aux parents jusqu'à 500 $ en plats à emporter pour les premières semaines suivant la naissance d'un enfant.

VÉRITÉ

Une négociation sans perdant, c'est gagnant !

Certaines personnes croient que dans une négociation, il y a nécessairement un gagnant et un perdant. Cela est faux.

La négociation est l'outil de gestion privilégié du gestionnaire pour arriver à une entente, que ce soit relativement aux objectifs de travail, aux

Pensez gagnant-gagnant plutôt que gagnant-perdant.

augmentations de salaire ou à l'attribution des tâches. Ce qui importe dans une négociation, ce n'est pas de savoir qui a gagné et qui a perdu. Négocier de façon efficace, c'est trouver une solution qui conviendra aux deux parties, qui ne fera que des gagnants. C'est faire en sorte que les gains de l'un ne se fassent pas au détriment de l'autre.

Pour être réussie, une négociation doit avoir été bien planifiée. Vous devez obtenir le plus d'informations possible sur la personne avec qui vous serez appelé à négocier, découvrir où se situe son intérêt et quels sont ses objectifs. Quelle est la part de ses besoins par rapport à ses désirs ? Sur quel plan et jusqu'où est-elle prête à faire des concessions ? En quoi consiste sa stratégie ? Selon vous, quels sont ses objectifs ? Dans quelle mesure est-elle déterminée à atteindre ses objectifs ? Ces renseignements vous aideront à comprendre les comportements de la personne avec qui vous négocierez, à prévoir ses réactions aux offres que vous lui ferez et à lui proposer des solutions susceptibles de l'intéresser.

Ensuite, vous devez établir votre propre stratégie. Votre position est-elle solide ? Quelle est l'importance réelle de l'enjeu ? Êtes-vous prêt à faire des concessions afin d'arriver à une solution rapide ? Quelle est la solution minimale que vous seriez prêt à accepter ? Pensez comme un joueur d'échecs qui tente de prévoir les actions de son adversaire et prépare sa réponse à chacune des actions de l'autre joueur.

Lorsque vous amorcez la négociation, faites preuve d'ouverture, peut-être en faisant d'entrée de jeu une concession mineure. Les recherches démontrent que dans une négociation, les parties tendent généralement à faire un nombre égal de concessions et celles-ci facilitent la conclusion d'un accord. Et n'hésitez pas à être celui qui fera la première offre. Cela vous permet de démontrer votre bonne volonté et d'amorcer les discussions. Contrairement à ce que plusieurs personnes croient, celui qui fait la première offre prend l'avantage dans la négociation.

Concentrez-vous sur les problèmes, pas sur les personnalités.

Concentrez-vous sur les enjeux de la négociation, et non pas sur la personnalité de celui avec qui vous négociez. Ne le confrontez pas, ne l'attaquez pas. Si l'autre personne se sent menacée, elle mettra toutes ses énergies à se défendre et à préserver son estime de soi plutôt qu'à trouver des solutions acceptables. Dans une négociation, ce n'est pas la personne avec qui vous négociez que vous remettez en question, ce sont ses idées ou ses positions. Faites la différence entre la personne et l'enjeu, et ne laissez pas les questions personnelles gêner la négociation.

Ayez une approche rationnelle et concentrez-vous sur l'objectif à atteindre. Ne laissez pas les émotions vous envahir. Si l'autre s'emporte, n'y voyez pas une attaque personnelle.

Il est généralement dans votre intérêt de faire la première offre, mais si cette première offre vient de votre interlocuteur, considérez-la comme un point de départ, en n'y accordant pas un intérêt trop grand : une première offre est rarement bonne.

Recherchez une solution gagnant-gagnant. Ce type de solution favorise les relations harmonieuses et à long terme. Tentez d'offrir des solutions complémentaires, par exemple en faisant des concessions qui pour vous sont minimes, mais qui, pour l'autre, ont une importance certaine. Élaborez vos offres en fonction de l'intérêt de l'autre personne et recherchez une entente qui fera en sorte que vous aurez tous les deux le sentiment d'avoir gagné quelque chose.

VÉRITÉ

Un travail stimulant n'est
pas un critère de choix
pour tout le monde.

Tout le monde n'est pas à la recherche d'un travail stimulant. Malgré ce qu'on raconte dans les médias, ce qu'en disent les chercheurs, les sociologues et autres spécialistes du comportement humain, tout le monde ne ressent pas le besoin d'avoir un travail stimulant qui lui permettra de réaliser son plein potentiel sur le plan professionnel. Certaines personnes sont parfaitement heureuses dans un travail simple et routinier.

Une personne qui a un intense besoin de s'épanouir sur le plan personnel et d'être en position de prendre ses propres décisions aura besoin d'avoir un travail stimulant. Quel pourcentage de travailleurs occupant des postes de subalterne ou des emplois manuels seraient-ils prêts à accepter un emploi plus stimulant ? On ne dispose pas de données récentes sur ce sujet, mais une étude datant des années 1970 arrive à un pourcentage de 15 %. Même en ajustant ce chiffre pour tenir compte de l'évolution des attitudes par rapport au travail et en tenant compte de l'augmentation de la proportion de travailleurs qui occupent des postes de col blanc, il serait surprenant que ce pourcentage soit supérieur à 40 %.

Ce ne sont pas les travailleurs qui ont le plus parlé de l'importance d'occuper un emploi stimulant, mais les gens des médias, les chercheurs et les spécialistes des sciences sociales. Ces derniers ont eux-mêmes choisi leur carrière en fonction des possibilités que celle-ci leur offrait sur le plan de l'autonomie, de la reconnaissance et des défis professionnels. Ils ont peut-être simplement projeté leurs propres besoins sur les autres.

Plusieurs personnes comblent ailleurs qu'au travail leur besoin de se réaliser. Il y a 168 heures dans une semaine et le travail n'occupe que 30 % de ce total. Cela laisse suffisamment de temps, même à ceux qui ont un

Il y a 168 heures dans une semaine et le travail n'occupe que 30 % de ce total.

fort besoin de se réaliser sur le plan personnel, pour trouver des activités qui combleront ce besoin. Ne vous sentez donc pas obligé d'offrir un travail stimulant à tous vos employés.

Certaines personnes n'attendent pas d'un travail qu'il soit stimulant ni qu'il leur fournisse des occasions de croissance personnelle. Pour ces personnes, le travail est une activité qui leur permet d'assurer leur subsistance. Les défis personnels, elles les trouvent sur un terrain de golf, à la pêche, avec leurs amis dans des activités sociales ou encore auprès de leur famille.

Plusieurs personnes comblent leur besoin de se réaliser ailleurs qu'au travail.

UN TRAVAIL STIMULANT N'EST PAS UN CRITÈRE DE CHOIX POUR TOUT LE MONDE.

VÉRITÉ

43

Il y a au moins 4 moyens de rendre les employés plus productifs.

Aucun emploi n'est parfait, mais de nombreuses recherches indiquent que quatre facteurs sont déterminants dans la satisfaction que les gens ressentent au travail. Si vous pouvez faire en sorte que ces facteurs soient présents, vous augmentez sensiblement les chances que vos employés aiment leur travail, qu'ils soient motivés et que leur productivité soit accrue.

Voici les 4 meilleures façons de favoriser la productivité des employés :

- **Regroupez les tâches.** Les gestionnaires doivent tenter de regrouper les employés en modules de travail qui favorisent la diversification des tâches. En effectuant des tâches plus variées, ils pourront mieux utiliser leurs talents, leurs compétences, et produire un résultat global identifiable et tangible. Ils s'identifieront au produit fini, en comprendront toute la signification et l'importance. Par exemple, à l'usine de la compagnie Corning Glass Works, située à Medford, au Massachusetts, on a regroupé les tâches pour que les employés, qui auparavant ne travaillaient à assembler qu'une minuscule pièce d'une plaque chauffante, puissent maintenant travailler sur l'ensemble de l'assemblage de la plaque en question.

- **Établissez un lien avec les clients.** Vos clients sont les utilisateurs du produit auquel travaillent vos employés, et ce client peut être soit un autre employé de l'entreprise, soit quelqu'un de l'extérieur. Lorsque cela est possible, établissez un lien entre ceux qui fabriquent le produit ou offrent un service et ceux qui utilisent ce produit ou ce service. Cela rend le travail de l'employé plus intéressant, lui permet de recevoir les commentaires du client et le responsabilise. Chez John Deere, par exemple, on a intégré des employés qui travaillent sur la chaîne de montage aux équipes de ventes qui sont en contact avec les clients. Ces travailleurs connaissent le produit mieux que n'importe quel vendeur et, en visitant les clients agriculteurs dans leurs fermes, ils sont mieux en mesure de comprendre leurs besoins. De plus, ils se sentent davantage dédiés à leur travail, car ils peuvent constater *de visu* quelle utilisation on fait du fruit de leur labeur.

■ **Pratiquez l'accroissement vertical.** L'accroissement vertical du travail donne aux employés des responsabilités et un contrôle sur leur travail qui étaient auparavant réservés à leur supérieur. Cette approche permet d'établir un pont entre la

> Lorsque cela est possible, établissez un lien entre ceux qui fabriquent le produit et ceux qui l'utilisent.

fabrication du produit et le contrôle du travail. Elle augmente donc l'autonomie de l'employé. L'accroissement vertical s'appuie sur le principe des équipes de travail autogérées. À la compagnie L-S Electrogalvanizing, à Cleveland, l'usine entière fonctionne par équipes autogérées qui assument de nombreuses tâches auparavant réservées aux gestionnaires de l'entreprise. L'équipe procède elle-même à l'embauche des nouveaux employés, à la confection des horaires de travail, à la rotation des tâches, à l'établissement des objectifs de productivité, à l'établissement des échelles salariales selon les compétences et même au congédiement des employés qui n'offrent pas un rendement suffisant.

■ **Ouvrez les canaux de communication.** Grâce à la rétroaction, les employés savent s'ils s'acquittent bien de leur tâche, mais aussi si leur rendement s'améliore ou au contraire s'il se détériore ou demeure constant. Idéalement, l'employé devrait recevoir ces commentaires alors même qu'il est en plein travail plutôt que de façon ponctuelle, dans le bureau de son supérieur. À l'usine de fabrication de moteurs d'avion de General Electric à Durham, en Caroline du Nord, les mécaniciens reçoivent instantanément et constamment les commentaires sur la qualité de leur travail, car l'usine fonctionne par équipes autogérées, et les membres de l'équipe ont la responsabilité de donner une rétroaction directe à leurs collègues, ce qui fait que la performance de l'équipe s'améliore sans cesse.

VÉRITÉ

Les surprises sont bonnes pour les partys, pas pour les évaluations annuelles.

Les surprises peuvent être agréables. Pour un anniversaire, par exemple, ou pour une demande en mariage. Mais pour une évaluation de rendement, ce n'est certainement pas une bonne idée.

De façon générale, les gestionnaires n'aiment pas donner l'évaluation de leurs employés. Il y a à cela trois raisons :

■ Ils sont mal à l'aise de discuter avec leurs employés des points négatifs de leur rendement. Comme il y a toujours des éléments de son travail qu'on peut améliorer, les gestionnaires craignent sans doute que la discussion tourne à la confrontation. Cette crainte de la confrontation se manifeste même lorsqu'on évalue une machine ! Bill Gates raconte d'ailleurs l'anecdote suivante : « Dans le cadre d'un projet, nous demandions aux gens d'évaluer leur expérience avec un ordinateur. Lorsque l'ordinateur sur lequel les gens avaient travaillé leur demandait d'évaluer leur expérience, les réponses étaient plutôt positives. Lorsque la question était posée par un autre ordinateur que celui qui faisait l'objet de l'évaluation, les commentaires étaient beaucoup plus critiques. Comme si les utilisateurs avaient peur de heurter la sensibilité de l'ordinateur et hésitaient à lui faire directement des commentaires négatifs. »

> Beaucoup de gestionnaires sont mal à l'aise de discuter avec leurs employés des points négatifs de leur rendement.

■ Beaucoup d'employés se mettent sur la défensive lorsqu'on leur montre leurs points faibles. Plutôt que d'accepter ces commentaires et de s'en servir en vue de s'améliorer, ils sont portés à remettre en question l'évaluation, soit en contestant l'opinion du gestionnaire, soit en tentant de reporter la faute sur quelqu'un d'autre. Une enquête effectuée auprès de 151 directeurs régionaux dans la région de Philadelphie a montré que 98 % d'entre eux ont subi une forme ou une autre de comportement agressif après avoir donné une évaluation négative à des employés.

■ **Les employés ont tendance
à surévaluer leur
performance.** Sur le simple
plan statistique, à peu près la
moitié des employés d'une

Les employés ont tendance à surévaluer leur performance.

entreprise devrait avoir une évaluation supérieure à la moyenne ;
l'autre moitié, une évaluation inférieure à la moyenne. Les recherches
indiquent plutôt que la plupart des gens ont tendance à se donner une
note d'environ 75 %. Cela signifie donc que, dans plusieurs cas, même
lorsque le gestionnaire évalue plutôt favorablement un employé,
celui-ci percevra son évaluation comme inadéquate.

La solution à cette problématique est double. Premièrement, il ne faut
pas éviter le processus d'évaluation, au contraire. Assurez-vous que vos
employés obtiennent de la rétroaction régulièrement, pas seulement en
fin d'année. Ainsi, lorsque viendra l'évaluation annuelle plus formelle, il
n'y aura pas de surprise ; vous résumerez simplement ce que vous aurez
dit tout au long de l'année. Deuxièmement, tous les gestionnaires
devraient recevoir une formation pour savoir comment mener une
rencontre d'évaluation. Quand l'employé a le sentiment que son travail a
été évalué correctement, que le gestionnaire a fait un travail
honnête et que la rencontre a été agréable, il en sort plus
motivé et déterminé à améliorer les aspects de son travail qui
doivent l'être.

VÉRITÉ

Le succès ou l'échec est dans
l'œil de celui qui regarde.

La plupart des gens ont une propension à rejeter rapidement la responsabilité d'un échec sur les autres, de même qu'une propension à prendre tout aussi rapidement le crédit lorsque le succès est au rendez-vous.

Dans nos contacts avec les autres, nous cherchons à comprendre pourquoi ils agissent de telle ou telle façon, et notre évaluation de leurs actions est influencée par la perception générale que nous avons d'eux. Bref, nous n'avons pas avec les autres êtres humains les mêmes rapports qu'avec des objets inanimés.

La théorie de l'attribution nous aide à comprendre que nous jugeons les gens en fonction de la signification que nous donnons à leurs comportements. Essentiellement, lorsque nous observons le comportement d'une personne, nous tentons de déterminer si ce comportement s'explique par des facteurs internes ou externes et de connaître quelles en sont les caractéristiques : est-il inhabituel, généralisé, fréquent ou non ?

> Nous jugeons les gens en fonction de la signification que nous donnons à leurs comportements.

Les facteurs internes qui peuvent expliquer le comportement d'une personne sont ceux sur lesquels cette personne exerce un contrôle, par exemple lorsqu'un employé arrive au travail en retard parce qu'il a fêté un peu trop la veille. Les facteurs externes sont ceux sur lesquels la personne n'a aucun contrôle, par exemple lorsque le retard de l'employé s'explique par le fait qu'un accident de la route a ralenti la circulation.

Nous voulons déterminer si le comportement de l'employé est inhabituel. Par exemple, l'employé qui arrive en retard une journée donnée est-il perçu par ses collègues comme un tire-au-flanc ? Nous cherchons en fait à savoir si son comportement est normal ou non, habituel ou non. S'il est habituel, le comportement de l'employé s'explique probablement par des facteurs internes.

Si toutes les personnes qui vivent une situation donnée réagissent de la même manière et adoptent le même comportement, on dira alors qu'il s'agit d'un comportement généralisé. Ainsi, si tous les employés qui emprunten le même chemin pour se rendre au bureau arrivent en retard, c'est fort probablement qu'un accident de la route les a retardés. Selon la théorie de l'attribution, ce comportement s'explique par des facteurs externes.

Enfin, il faut déterminer la fréquence d'un même comportement. On ne réagira pas de la même manière devant un employé qui arrive au travail une dizaine de minutes en retard une fois par année que devant celui qui a l'habitude d'arriver en retard deux fois par semaine. Si le comportement de l'employé est fréquent, c'est probablement qu'il s'explique par des facteurs internes.

L'un des enseignements les plus intéressants de la théorie de l'attribution, c'est le parti pris qu'affichent les gens lorsqu'ils tentent d'expliquer leurs succès et leurs échecs. Ils attribuent généralement leurs succès à des facteurs internes, comme la compétence ou l'effort, et leurs échecs à des facteurs externes, comme la malchance. Ce parti pris fait en sorte qu'il est souvent difficile de donner aux gens une évaluation franche et honnête de leur performance. Les employés interpréteront l'évaluation qu'on fait de leur performance, que celle-ci soit positive ou négative. Ne vous surprenez donc pas que les employés s'attribuent tout le mérite si leur évaluation est positive et qu'ils tentent de trouver des facteurs externes si elle est négative.

> Les gens attribuent généralement leurs succès à des facteurs internes, comme la compétence ou l'effort, et leurs échecs à des facteurs externes, comme la malchance.

VÉRITÉ

46

L'évaluation 360° est un miroir à plusieurs facettes.

Les employés du Cook Children's Health Care System, à Fort Worth, au Texas, ne sont pas évalués uniquement par leur supérieur, mais aussi par les jeunes patients, leurs collègues de travail et les employés des autres services avec qui ils collaborent. En effet, cet hôpital pour enfants a instauré le programme 360° pour évaluer le rendement de son personnel. Ce programme permet d'obtenir une évaluation plus diversifiée et plus complète des employés en recueillant des commentaires de diverses sources : patrons, collègues, subalternes, équipiers, clients et fournisseurs. Ce type de programme est si populaire que près de 90 % des entreprises inscrites sur la liste Fortune 1000 y ont recours.

Le programme 360° tient compte du fait que la performance d'un employé varie selon le contexte et que les personnes se comportent différemment selon le milieu avec lequel elles sont en contact. Les avis provenant de divers milieux,

> Près de 90 % des entreprises inscrites sur la liste Fortune 1000 ont recours à l'évaluation 360°.

la fiabilité de l'évaluation s'en trouve améliorée. En effet, l'évaluation 360° trace un portrait plus fidèle de la performance de l'employé parce qu'elle tient compte des comportements de l'employé et que ceux-ci sont évalués par divers milieux. Ces multiples points de vue font en sorte que l'évaluation est de meilleure qualité.

Durant ce type d'évaluation, l'employé est généralement évalué par 8 à 12 personnes, qui ont idéalement un contact direct et étroit avec lui et qui sont donc en mesure d'évaluer sa performance. On a constaté que l'évaluation 360° est plus efficace lorsque les employés sont regroupés en équipes de travail ou selon un mode d'organisation qui fait en sorte qu'il existe une certaine distance physique entre l'employé et son supérieur. Dans le cas des équipes de travail, les équipiers sont plus aptes que les supérieurs à évaluer correctement le travail de leur collègue. Lorsqu'il y a une distance physique entre l'employé et son supérieur, l'évaluation par le supérieur est généralement moins précise parce que les contacts directs sont plus limités et que le supérieur dispose d'une information moins complète. Dans le cas, par exemple, d'un représentant commercial qui est constamment en visite chez des clients, ces derniers disposent d'informations pour évaluer la performance de l'employé auxquelles le supérieur de l'employé, lui, n'a pas accès.

Associé responsable d'un groupe de 75 consultants de la firme Booz Allen, Jay Marshall a compris les bienfaits de l'évaluation 360° lorsque, durant un processus d'évaluation, les membres de son équipe lui ont reproché de n'être pas suffisamment présent auprès

Les avis provenant de divers milieux, la fiabilité de l'évaluation s'en trouve améliorée.

d'eux. Il a ainsi pu réaliser qu'il passait beaucoup trop de temps à tenter de satisfaire les moindres besoins des clients de la firme et pas suffisamment de temps auprès des employés dont il devait superviser le travail. Ce commentaire n'aurait pas pu être formulé par son propre supérieur, qui ne rendait jamais visite à Jay et à son équipe.

Cela dit, dans ce type d'évaluation, vous devez porter attention au fait que certaines personnes, dans leur évaluation du travail d'un collègue, voudront régler leurs comptes. Cela peut être source de fortes tensions lorsque l'évaluation provient d'un subalterne ou d'un pair. Comme les évaluations sont généralement anonymes, les répondants peuvent se sentir libres d'y aller à fond de train.

Pour éviter cette situation, la plupart des entreprises qui ont adopté l'évaluation 360° demandent à l'employé par lesquels de ses collègues ou de ses subordonnés il aimerait que son travail soit évalué. Bien sûr, l'employé aura tendance à choisir ses amis, mais on peut contrebalancer ce parti pris en sollicitant un grand nombre d'évaluations. Une évaluation 360° qui comprend une dizaine d'évaluations offre un portrait raisonnablement fidèle de la performance d'un employé, de ses forces et de ses points faibles.

VÉRITÉ

47

Le changement fait peur.

Toutes les recherches le confirment : les organisations et les membres qui y travaillent résistent au changement. Il y a à cela des aspects positifs, notamment parce que cela assure la stabilité et la constance des organisations. Sans cette résistance, elles se comporteraient de façon désordonnée et imprévisible. La résistance au changement peut être source de réflexion au sein de l'entreprise. Par exemple, si certains employés expriment leurs réticences à adopter le nouveau plan de réorganisation de l'entreprise ou à accepter les modifications souhaitées à la gamme de produits, cela peut provoquer une remise en question salutaire qui mènera à des décisions différentes. Mais la résistance au changement peut aussi freiner l'évolution de l'entreprise.

La résistance au changement peut se manifester de diverses façons. Elle peut être exprimée ouvertement ou de façon détournée, elle peut être instantanée ou se manifester à retardement. Si elle est exprimée

La résistance au changement peut freiner l'évolution de l'entreprise.

ouvertement, les employés se plaindront massivement, ils ralentiront la cadence de travail ou menaceront de faire la grève. Bref, le message sera clair et direct.

La situation est plus compliquée lorsque la résistance est moins manifeste ou qu'elle s'exprime à retardement. Elle est alors plus difficile à reconnaître et s'exprimera par exemple par une perte de loyauté envers l'organisation, une diminution de la motivation, un plus grand nombre d'erreurs ou de fautes professionnelles, ou encore un taux plus élevé d'absentéisme pour cause de maladie.

Lorsque la résistance s'exprime à retardement, il est plus difficile d'en établir la cause. Un changement apporté au sein d'une organisation peut entraîner sur le coup une réaction minime, mais être la cause d'une forte réaction qui ne se manifestera que des semaines, des mois, voire des années plus tard. Dans d'autres circonstances, un changement minime au sein de l'organisation pourra mener graduellement à une situation catastrophique.

La résistance au changement peut être le fait des personnes ou des organisations elles-mêmes. Voyons d'abord ce qu'il en est de la résistance des personnes.

La vie est suffisamment complexe. Pour la simplifier un peu, nous développons des petites habitudes qui nous facilitent la vie parce qu'elles nous offrent rapidement des solutions toutes prêtes dans certaines situations.

> Les organisations ont des mécanismes intrinsèques visant à assurer leur stabilité.

Devant le changement, notre réflexe de réagir par habitude se transforme en une certaine résistance au changement. Les personnes qui ont un grand besoin de sécurité émotive sont les plus susceptibles de résister au changement parce que celui-ci, justement, peut menacer leur sécurité. Également, des personnes peuvent craindre que les changements entraînent pour elles une perte de revenus. Si ses tâches sont modifiées, un employé dont le salaire est directement lié à la productivité peut craindre d'être moins efficace qu'auparavant, donc de subir une diminution de salaire. Le changement comporte toujours sa part d'inconnu et est source d'insécurité.

Les organisations, quant à elles, sont conservatrices par définition. La résistance au changement trouve alors sa source dans le phénomène d'inertie inhérent aux structures et aux groupes, de même que dans la crainte que le changement remette en question la compétence des personnes, leur pouvoir et les ressources dont elles disposent.

Les organisations ont des mécanismes intrinsèques visant à assurer leur stabilité. Par exemple, le processus de sélection des employés est fait pour attirer certains types de personnes et en écarter d'autres. Par la suite, la formation des nouveaux employés permettra de parfaire les compétences particulières requises pour tel ou tel poste. Les nouveaux employés sont alors formellement intégrés à l'organisation grâce à leur définition de tâches et aux règles et procédures en vigueur.

Lorsqu'une organisation doit faire face au changement, sa force d'inertie agit comme contrepoids afin de maintenir la stabilité de la structure. Et même si au sein de l'organisation certaines personnes sont disposées à changer leurs habitudes, la force d'inertie collective les en empêche.

Les changements organisationnels peuvent menacer la qualité de l'expertise de certains groupes spécialisés, au sein desquels la structure de pouvoir est établie de longue date. Ainsi, dans une organisation, les groupes qui contrôlent des ressources importantes se sentent souvent menacés par les changements.

Qu'est-ce que cela signifie pour le gestionnaire? Premièrement, que le gestionnaire est celui qui doit être l'instigateur des changements. Deuxièmement, qu'il doit s'attendre à une résistance et que celle-ci peut prendre diverses formes. Troisièmement, qu'il doit être prêt à vaincre cette résistance en récompensant ceux qui acceptent de s'adapter, en expliquant les raisons pour lesquelles un changement est nécessaire et en intégrant à la prise de décision ceux qui seront touchés par les changements.

VÉRITÉ

Même les vieux singes
peuvent apprendre de
nouvelles grimaces.

Les sociétés occidentales valorisent la jeunesse. Cela pose certains problèmes, suffisamment sérieux pour que les gouvernements aient senti le besoin d'adopter des lois contre la discrimination envers les aînés. De nombreuses personnes ont pourtant encore des préjugés et refusent d'embaucher des personnes qui ont plus de 50 ans. De toute évidence, ces gens acceptent ce stéréotype largement répandu selon lequel les travailleurs d'un certain âge s'adaptent plus difficilement aux nouvelles techniques et méthodes. Les unes après les autres, les études confirment que les employés plus âgés sont vus comme étant moins souples que les employés plus jeunes, plus résistants aux changements et qu'il est plus difficile de les former, particulièrement aux nouvelles technologies.

Pourtant, tout indique que les travailleurs d'un certain âge sont désireux d'apprendre et qu'ils en sont aussi capables que tout autre groupe d'employés. Leur capacité d'acquérir des habiletés complexes semble moins grande. En réalité, leur période d'apprentissage est peut-être plus longue, mais une fois qu'ils sont formés, leur performance est comparable à celle des travailleurs plus jeunes.

La capacité d'acquérir les habiletés et les connaissances ou d'adopter les comportements nécessaires pour atteindre un niveau de performance donné a fait l'objet de nombreuses recherches. Ces recherches confirment que certaines personnes ont une meilleure capacité d'entraînement ou de formation que d'autres, et que

> **Les travailleurs d'un certain âge sont désireux d'apprendre et ils en sont aussi capables que tout autre groupe d'employés.**

cette capacité tient à des facteurs comme les aptitudes de base, la motivation et la personnalité. Cependant, ces études n'ont jamais démontré que l'âge pouvait être un facteur dans la capacité d'entraînement d'une personne.

Bien sûr, le fait que les travailleurs plus âgés aient une aussi grande capacité d'apprendre que les autres ne justifie pas à lui seul qu'on les embauche. Il faut aussi s'assurer qu'ils peuvent offrir un bon rendement.

Qu'en est-il de la force de leur engagement, de leur taux d'absentéisme au travail, de leur productivité et de la satisfaction qu'ils ressentent au travail ? Les résultats surprendront peut-être certains lecteurs. Les travailleurs plus âgés sont plus dédiés à leur travail vu qu'ils sont moins susceptibes que les plus jeunes de quitter leur emploi. Ils

Les travailleurs plus âgés sont plus dédiés à leur travail vu qu'ils sont moins susceptibles que les plus jeunes de quitter leur emploi.

s'absentent moins que les plus jeunes pour des raisons de toutes sortes. Et nous avons vu également que l'âge ne constitue pas un facteur susceptible de nuire à la performance, sauf pour ce qui concerne les emplois extrêmement exigeants sur le plan physique. Enfin, les travailleurs de plus de 65 ans démontrent une plus grande satisfaction au travail que les travailleurs âgés de 45 à 64 ans.

Pour les gestionnaires, ces données constituent une bonne nouvelle. Au cours des prochaines années, en effet, les entreprises feront face à des pénuries de personnel. La génération X et celles qui la suivent sont moins nombreuses que la génération des baby-boomers. Ces derniers ont les compétences pour pourvoir les postes, et plusieurs d'entre eux voudront continuer à travailler ou devront le faire au-delà de l'âge normal de la retraite. Les organisations trouveront là une banque de candidats compétents, motivés et dédiés à leur travail.

MÊME LES VIEUX SINGES PEUVENT APPRENDRE DE NOUVELLES GRIMACES.

VÉRITÉ

49

Les employés qui se sentent impliqués acceptent mieux le changement.

Inviter les employés à participer aux décisions qui les concernent n'est pas une panacée. Cela aura un impact relativement mineur sur leur productivité, leur motivation ou leur satisfaction au travail, mais c'est un bon moyen de vaincre leur résistance au changement.

Il est difficile de refuser de s'adapter à un changement lorsqu'on a participé à la décision qui a mené à ce changement. Dès lors, avant d'instaurer un changement au sein l'organisation, vous pouvez solliciter la participation des employés si les conditions suivantes sont réunies :

- Il faut disposer de suffisamment de temps pour que la participation des employés soit réelle. Les décisions qui doivent être prises rapidement ne permettent pas la participation des employés.

- Les enjeux doivent concerner les employés, être liés à leurs tâches ou concerner directement leur bien-être ou un élément d'intérêt pour eux.

- Les employés doivent être en mesure de participer activement. Ils doivent avoir les compétences intellectuelles, les connaissances techniques et les habiletés communicationnelles pour ce faire.

- La culture de l'entreprise doit favoriser et soutenir la participation des employés. Les employés ne prendront pas au sérieux cette invitation à participer si, traditionnellement, l'entreprise fonctionne de façon autocratique et a l'habitude d'ignorer leurs commentaires.

Lorsque ces conditions sont réunies, la participation des employés peut contribuer à vaincre leurs réticences, faire en sorte qu'ils s'engagent dans le processus de changement et que les effets bénéfiques soient accrus.

Il y a diverses façons d'organiser cette participation : mettre sur pied un programme par lequel les employés sont invités à faire des suggestions, puis récompenser ceux dont les suggestions ont été retenues ; constituer des groupes de discussion sur la qualité, de

Il est difficile de refuser de s'adapter à un changement lorsqu'on a participé à la décision.

façon que les employés, dans leurs domaines de compétences, puissent chercher les causes des problèmes et proposer des solutions. Plusieurs entreprises nomment des représentants des employés qui participent aux réunions de la direction au cours desquelles on discute des changements dans l'organisation du travail. De plus en plus d'entreprises nord-américaines adoptent cette pratique en vigueur dans les entreprises européennes de nommer des représentants des employés au conseil d'administration.

VÉRITÉ

L'habit ne fait pas le moine.
Mais un peu quand même...

Lorsque nous rencontrons une personne pour la première fois, nous remarquons un certain nombre de choses sur elle : ses traits, ses vêtements, la fermeté de sa poignée de main, son attitude et le ton de sa voix. Ces premières impressions nous permettent de porter un jugement sur cette personne. Ce jugement, fait à partir d'informations fort partielles que nous avons recueillies sur cette personne, a plus d'importance à nos yeux que les jugements subséquents que nous porterons sur elle.

Les psychologues appellent ce phénomène l'effet de primauté. Essentiellement, cela signifie que notre première impression d'une personne influencera nos jugements subséquents sur celle-ci. Le gestionnaire doit donc être conscient que cet effet de primauté est important lorsqu'il évalue une personne, mais il doit surtout se souvenir que la première impression est souvent trompeuse.

Pour quelles raisons accordons-nous tant d'importance à la première impression ? Principalement parce que nous recherchons toujours les raccourcis. Lorsque nous rencontrons une nouvelle personne, nous cherchons à la classer dans une catégorie afin de comprendre rapidement à qui nous avons affaire. Plus tard, quand nous recevons sur cette personne des informations qui semblent contredire cette première impression, nous avons tendance à en minimiser ou en modifier la signification ou même à les ignorer.

> Lorsque nous recevons sur une personne des informations qui semblent contredire la première impression que nous avons eue, nous avons tendance à en minimiser ou à en modifier la signification ou même à les ignorer.

Les recherches portant sur les entrevues d'emploi confirment que nous accordons beaucoup d'importance à la première impression.

Les recherches sur l'apparence des candidats durant les entrevues confirment l'importance que revêt la première impression. Ainsi, on a évalué des candidats en les observant durant ce bref moment qui

La première impression exerce une forte influence sur l'évaluation finale d'un candidat.

précède l'entrevue formelle, soit lorsqu'ils pénètrent dans la salle d'entrevue, procèdent aux salutations d'usage, s'assoient et échangent quelques banalités avant l'entrevue. Ces études ont montré que la démarche du candidat, sa tenue vestimentaire, sa façon de s'exprimer et de regarder les autres influencent grandement l'évaluation que l'intervieweur fera de ses qualifications. La beauté des traits semble particulièrement importante. Les candidats séduisants obtiennent une meilleure évaluation que les autres pour une grande diversité d'emplois.

Une première impression favorable peut même amener l'intervieweur à modifier son comportement durant l'entrevue, par exemple, en étant plus empathique ou en posant moins de questions pièges.

Les recherches démontrent aussi que l'évaluation de l'intervieweur, une fois l'entrevue terminée, confirme très souvent les jugements qu'il a portés avant l'entrevue, à la première impression. La première impression compte donc pour beaucoup dans l'évaluation finale d'un candidat, peu importe comment s'est déroulée l'entrevue sauf, bien sûr, si celle-ci a révélé des choses extrêmement négatives sur le candidat.

Sur la foi de ces nombreuses recherches, nous pouvons donc affirmer que la première impression exerce une forte influence sur l'évaluation finale comme si, pour l'intervieweur, l'entrevue avait principalement pour fonction de confirmer sa première impression.

Que peuvent faire les gestionnaires pour réduire les effets de la première impression? Premièrement, ils peuvent consciemment éviter de porter un jugement lorsqu'ils voient une personne pour la première fois, en essayant de rester neutres. Plus vous tarderez à porter un jugement, plus ce dernier sera juste. Deuxièmement, soyez réceptif à toute nouvelle information susceptible de contredire une information précédente. Considérez votre première impression simplement comme une hypothèse de travail dont vous cherchez à vérifier l'exactitude.

VÉRITÉ

Gérer des humains, c'est aussi
gérer des émotions.

Les émotions font partie de nos vies. Dans le monde du travail, dans le secteur du management, la logique et le côté rationnel des choses ont toujours prédominé. Il est ainsi plus facile d'analyser le milieu de travail et ce qui s'y déroule. Mais en ignorant les émotions, nous faussons la réalité.

Pour quelles raisons le monde de la gestion a-t-il eu tendance à minimiser l'importance des émotions ? Il y a à cela deux explications possibles.

Premièrement, l'importance démesurée qu'on a accordée à la rationalité. Depuis la fin du XIXe siècle et alors que se développaient les sciences de la gestion, les organisations se sont construites en ayant comme objectif de contrôler soigneusement tout comportement qui pouvait être perçu comme émotif. L'organisation modèle en était une qui avait réussi à éliminer du lieu de travail la frustration, la crainte, la colère, la haine et la peine, mais aussi les manifestations d'affection et la joie. On considérait ces émotions comme une menace à la rationalité. Ainsi, même si les gestionnaires étaient bien conscients que les émotions font partie de la vie, ils tentaient de créer dans le lieu de travail un milieu exempt de toute manifestation d'émotions. Cela était impossible.

Tout employé a des émotions, travail ou non.

Deuxièmement, on a cru que les émotions, quelles qu'elles soient, avaient un effet négatif sur le milieu de travail. On considérait que les émotions, et particulièrement la colère, empêchaient un employé d'être efficace. On n'imaginait pas que les émotions puissent avoir des effets positifs ou stimuler l'employé et l'amener à améliorer sa performance.

Bien sûr, les émotions, surtout lorsqu'elles sont exprimées à un moment inopportun, peuvent nuire à la performance d'un employé. Il reste que tout employé a des émotions, travail ou non. Dès lors, toute discussion relative aux comportements organisationnels ne peut être complète sans qu'on tienne compte du rôle des émotions dans ces comportements.

Comment savoir quelles émotions ressent une personne? La façon la plus simple est de le lui demander. Mais il faut être conscient d'une part que les émotions sont du domaine privé et que l'autre les exprimera souvent en fonction des attentes du milieu, et d'autre part que, même si l'autre veut sincèrement les exprimer, il ne trouvera pas

Lorsque vous devez pourvoir un poste qui exige de fréquentes interactions sociales, choisissez quelqu'un qui a un quotient émotionnel élevé.

toujours les mots qui conviennent. Il faut donc surveiller le langage non verbal, les expressions faciales, l'attitude, les mouvements, la distance physique, bref, tout signe révélateur des émotions. Un élément aussi subtil que la distance que l'autre personne maintient entre elle et vous peut indiquer le intimité qu'elle souhaite établir avec vous, vous fournir des indications sur son agressivité ou son aversion envers vous, ou encore vous indiquer dans quelle mesure elle se replie sur elle-même. Enfin, allez au-delà de la simple signification des mots : notez le ton de la voix, le volume, le débit.

Enfin, savoir percevoir les émotions des autres permet au gestionnaire d'être plus efficace dans la sélection de son personnel, dans l'évaluation de la motivation de l'employé et dans la gestion des conflits.

Ainsi, les études sur le quotient émotionnel (QE), c'est-à-dire la capacité de gérer les situations et d'accepter la pression, ont démontré que les personnes qui ont un QE élevé sont plus efficaces dans leurs relations avec les autres. Dès lors, lorsque vous devez pourvoir un poste qui exige de fréquentes interactions sociales, choisissez quelqu'un qui a un quotient émotionnel élevé.

La plupart des théories sur la motivation au travail suggèrent, pour stimuler la motivation, d'offrir des mesures incitatives rationnelles, par exemple de récompenser les efforts supplémentaires en offrant un meilleur salaire, une plus grande sécurité d'emploi, une promotion et d'autres récompenses du même genre. Mais l'être humain n'est pas que rationnel : il a aussi des émotions. Et celles-ci jouent un rôle important dans l'évaluation des situations et dans la somme d'efforts que l'employé est prêt à mettre. Ainsi, les gens qui ont une grande motivation au travail sont très engagés émotivement envers ce travail.

Si vous voulez que vos employés soient motivés et fournissent un effort constant, vous devez vous assurer qu'ils soient engagés envers leur travail, autant sur le plan émotif que sur les plans physique et cognitif. Enfin, les émotions, bien sûr, jouent un rôle important dans les conflits interpersonnels. Lorsqu'un conflit éclate, c'est que les émotions éclatent. Le gestionnaire qui ignore les émotions dans une telle situation et qui ne se préoccupe que des aspects rationnels ne pourra réussir à régler efficacement ce conflit.

VÉRITÉ

52

La rotation du personnel
a aussi du bon.

On croit généralement que la rotation du personnel a des effets néfastes sur la performance d'une organisation. Remplacer des employés occasionne des coûts, certains évidents, d'autres moins. On pense aux coûts associés au recrutement et à la sélection des nouveaux employés, aux coûts pour assurer leur formation, mais aussi aux coûts qu'occasionne le ralentissement de la cadence de travail des équipes réduites, aux coûts reliés aux inévitables erreurs que feront les nouveaux employés et au temps qu'il leur faut pour être aussi efficaces que leurs collègues plus expérimentés.

Cela dit, il ne faut pas généraliser ni tirer des conclusions hâtives. Les recherches indiquent en effet que le roulement du personnel peut être bénéfique, particulièrement dans certains secteurs d'activité ou services au sein d'une organisation.

Il y a à cela au moins trois raisons. Premièrement, cela permet de se débarrasser des employés les moins performants. Et lorsque les gestionnaires d'une entreprise tentent trop de limiter le mouvement de personnel, il devient plus difficile d'identifier les employés moins productifs et donc de s'en débarrasser. En éliminant les travailleurs les moins productifs, c'est la productivité de l'ensemble de l'entreprise qui s'en trouve améliorée. Deuxièmement, le roulement de la main-d'œuvre favorise l'obtention de promotions par les employés qui restent en poste. Troisièmement, l'arrivée de nouveaux employés favorise le choc des idées au sein de l'entreprise, ce qu'on appelle les conflits fonctionnels, ce qui stimule l'innovation, la souplesse du milieu de travail et son adaptabilité. La rotation du personnel peut donc être bénéfique, particulièrement pour les équipes qui ont tendance à se scléroser.

> La rotation du personnel peut contribuer à maintenir les coûts de main-d'œuvre à un niveau acceptable.

De plus, la rotation du personnel peut contribuer à maintenir les coûts de main-d'œuvre à un niveau acceptable. Dans la plupart des entreprises, en effet, les salaires augmentent avec l'ancienneté des

Lorsque ce sont les « bonnes » personnes qui quittent une entreprise, le roulement du personnel peut avoir des avantages.

employés, alors que leur productivité, elle, n'augmente pas dans les mêmes proportions. Ainsi, il n'est pas inhabituel qu'un employé ayant 15 ans d'expérience gagne 50 % de plus, ou même le double, qu"un employé qui effectue le même travail, mais qui n'a que deux années d'expérience. De plus, comme ils constituent généralement un pourcentage du salaire, les avantages sociaux de cet employé sont plus importants, celui-ci disposant par exemple de quatre ou cinq semaines de vacances annuelles contre seulement deux semaines pour l'employé de fraîche date.

Pour toutes ces raisons, des entreprises tentent de maintenir une certaine rotation du personnel, notamment General Electric, Microsoft, Sun Microsystems et Sprint. General Electric, par exemple, remercie chaque année les 10 % de ses gestionnaires et professionnels dont l'évaluation est la moins satisfaisante. Cette politique fait d'ailleurs en sorte que certains employés dont la performance est mauvaise décident de quitter leur emploi d'eux-mêmes.

Tout roulement de la main-d'œuvre n'est toutefois pas bénéfique. Rien n'indique par exemple qu'un taux très élevé de rotation du personnel a des avantages. Au sein des entreprises qui misent principalement sur l'expertise de leurs employés, un taux de roulement faible ou modéré est certes bénéfique. C'est le cas notamment des entreprises de haute technologie, dont la survie dépend de leur capacité à générer de nouvelles idées et à innover. Dans ce cas, un taux de roulement trop faible risque d'entraîner la stagnation et l'apathie. C'est également le cas dans les services de marketing, ainsi que de recherche et de développement de nouveaux produits de certains types d'entreprises, qui doivent constamment développer des approches novatrices. Par contre, dans des entreprises ou des domaines dont l'activité principale s'appuie sur le travail d'employés non spécialisés payés au salaire minimum, un fort taux de roulement de la main-d'œuvre peut avoir des effets négatifs.

Les gestionnaires ne doivent donc pas tenir pour acquis qu'il est dans l'intérêt de l'organisation de limiter à tout prix la rotation du personnel. Lorsque ce sont les « bonnes » personnes qui quittent une entreprise, la rotation du personnel peut avoir des avantages.

VÉRITÉ

53

Il faut se méfier
des solutions miracles.

Beaucoup de gestionnaires agissent de façon compulsive, un peu comme ces personnes obsédées par la perte de poids et qui passent d'un régime à l'autre. Pourtant, en gestion comme en alimentation, il n'y a pas de solutions miracles.

Le secteur de la gestion a son lot d'experts, de consultants, de professionnels, de journalistes spécialisés prêts à vous offrir des solutions instantanées à des problèmes pourtant complexes. C'est ainsi depuis plus de 40 ans.

Comme tout le monde, les gestionnaires sont sensibles aux modes.

Dans les années 1960, il y a eu la théorie Y, le perfectionnement psychosocial, la valorisation du travail, la méthode PERT et la matrice BCG. Dans les années 1970, on a eu droit à la planification stratégique centralisée, à la mode des organigrammes matriciels, puis des comités de gestion, aux horaires variables et à la méthode du budget à base zéro. Les années 1980 nous ont donné l'intrapreneurship, les cercles de qualité, la théorie Z, le système de stockage juste à temps, les 14 points de Deming, les équipes autogérées et le travail à ses risques et périls. Enfin, dans les années 1990, nous avons connu les alliances stratégiques, la théorie des compétences essentielles, la gestion de la qualité totale, la réingénierie, le sur-mesure de masse, le leadership charismatique et le leadership visionnaire, le quotient émotionnel, l'organisation en réseau, l'organisation intelligente, le management à livres ouverts, la gestion autogérée, l'impartition, l'autonomisation des employés et les environnements de travail fonctionnant 24 heures par jour, 7 jours par semaine.

Depuis le début du nouveau siècle, on nous a vanté les vertus de la conciliation travail-famille, du capital social, du leadership électronique, de l'organisation virtuelle, de la gestion du savoir, des milieux de travail favorisant la spiritualité et de la sieste au bureau.

Comme tout le monde, les gestionnaires sont sensibles aux modes. Ils doivent donc être vigilants : il y aura toujours quelqu'un qui voudra vous vendre une théorie ou un programme de gestion révolutionnaires. Bien sûr, sans donner de référence sur l'efficacité de leur théorie, sans mentionner qu'elle ne fonctionne que dans tel contexte ou tel type de

Aucune théorie, aucun outil de gestion ne peut à lui seul rendre excellent un mauvais gestionnaire ou transformer radicalement une organisation mal gérée.

situation, le supposé spécialiste vous offre, rien de moins, de régler votre problème en un tournemain. Poussée à l'extrême, la situation peut amener un gestionnaire à passer ainsi d'une solution miracle à l'autre. Un gestionnaire qui cachait mal sa frustration mentionnait d'ailleurs ceci : « Au cours des récentes années seulement, on nous a dit que les profits étaient plus importants que les revenus, que la qualité était plus importante que les profits, que les employés étaient plus importants que la qualité, que les clients sont plus importants que les employés, que les gros clients sont plus importants que les petits et, dans tout ça, que la croissance constitue la clé du succès. »

Ces solutions miracles ont une chose en commun : elles se veulent la solution universelle à des problèmes nombreux et complexes. Rarement ces théories sont-elles mises en contexte. Et c'est là leur principal problème. La plupart de ces solutions peuvent avoir une certaine utilité pour le gestionnaire. Elles sont un outil parmi d'autres. Mais tout comme le menuisier ne peut tout faire avec seulement un marteau, le gestionnaire ne peut régler tous ses problèmes par la gestion autogérée ou la gestion de la qualité totale.

Le management est un domaine complexe, et il faut se méfier des solutions trop simples. Les nouvelles idées, les nouvelles théories peuvent vous aider à être plus efficace dans votre travail de gestionnaire, mais aucune théorie, aucun outil de gestion ne peut à lui seul rendre excellent un mauvais gestionnaire ou transformer radicalement une organisation mal gérée.

Références

Vérité 1
DAVIS-BLAKE, A. et J. PFEFFER. « Just a Mirage: The Search for Dispositional Effects in Organizational Research », *Academy of Management Review*, juillet 1989, p. 385–400.

Vérité 2
BREAUGH. J. A. « Realistic Job Previews: A Critical Appraisal et Future Research Directions », *Academy of Management Review*, octobre 1983, p. 612–619.

BUDA, R. et B. H. CHARNOV. « Message Processing in Realistic Recruitment Practices », *Journal of Managerial Issues*, automne 2003, p. 302–316.

HYMOWITZ, C. « Immigrant Couple Use Their Survival Skills to Build Tech Success », *Wall Street Journal*, 12 février 2001, p. B1.

PHILLIPS, J. M. « Effects of Realistic Job Previews on Multiple Organizational Outcomes: A Meta-Analysis », *Academy of Management Journal*, décembre 1998, p. 673–690.

Vérité 3
DONAGHY, W. C. *The Interview: Skills et Applications*, Glenview, Illinois, Scott Foresman, 1984, p. 245–280.

JENKS, J. M. et B. L. P. ZEVNIK. « ABCs of Job Interviewing », *Harvard Business Review*, juillet 1989, p. 38–42.

SMART, B. D. *The Smart Interviewer*, Hoboken, New Jersey, Wiley, 2001.

Vérité 4
HERNSTEIN, R. J. et C. MURRAY. *The Bell Curve: Intelligence and Class Structure in American Life*, New York, Free Press, 1994.

« Mainstream Science on Intelligence ». *Wall Street Journal*, 13 décembre 1994, p. A18.

MENKES, J. « Hiring for Smarts », *Harvard Business Review*, novembre 2005, p. 100.

REE, M. J., T. R. CARRETTA et J. R. STEINDL. *Cognitive Ability*, dans N. ANDERSON, et autres (eds.), *Handbook of Industrial Work & Organizational Psychology*, Vol. 1, Thousand Oaks, Californie, Sage, 2001, p. 219–232.

REE, M. J., J. A. EARLES et M. S. TEACHOUT. « Predicting Job Performance: Not Much More Thang », *Journal of Applied Psychology*, août 1994, p. 518–524.

SCHMIDT, F. L. et J. E. Hunter. « The Validity and Utility of Selection Methods in Personnel Psychology: Practical and Theoretical Implications of 85 Years of Research Findings », *Psychological Bulletin*, septembre 1998, p. 262-274.

Vérité 5

BABCOCK, P. « Spotting Lies », *HR Magazine*, octobre 2003, p. 46-52.

BROWN, M. « Reference Checking: The Law Is on Your Side », *Human Resource Measurements*, décembre 1991, p. 4-5.

REILLY, R. R. et G. T. CHAO. « Validity and Fairness of Some Alternative Employee Selection Procedures », *Personnel Psychology*, printemps 1982, p. 1-62.

SCHAEFER, A. G., R. QUINONES et M. KANNY. « Open References Policies: Minimizing the Risk of Litigation », *Labor Law Journal*, été 2000, p. 106-117.

Vérité 6

BARRICK, M. R. et M. K. MOUNT. « Select on Conscientiousness and Emotional Stability », dans E.A. LOCKE (ed.), *Handbook of Principles of Organizational Behavior*, Malden, Massachusetts, Blackwell, 2004, p. 15-28.

DIGMAN, J. M. « Personality Structure: Emergence of the Five-Factor Model », dans M. R. ROSENZWEIG et L.W. PORTER (eds.), *Annual Review of Psychology*, vol. 41, Palo Alto, Californie : revue annuelle 1990, p. 417-440.

HOGAN, J. et B. HOLLAND. « Using Theory to Evaluate Personality and Job-Performance Relations: A Socioanalytic Perspective », *Journal of Applied Psychology*, février 2003, p. 100-112.

HURTZ, G. M. et J. J. DONOVAN. « Personality and Job Performance: The Big Five Revisited », *Journal of Applied Psychology*, décembre 2000, p. 869-879.

JUDGE, T. A. et J. E. BONO. « Relationship of Core Self-Evaluations Traits—Self Esteem, Generalized Self-Efficacy, Locus of Control, and Emotional Stability—With Job Satisfaction and Job Performance: A Meta-Analysis », *Journal of Applied Psychology*, février 2001, p. 80-92.

RAYMARK, P. H., M. J. SCHMIT et R. M. GUION. « Identifying Potentially Useful Personality Constructs for Employee Selection », *Personnel Psychology*, automne 1997, p. 723-736.

VINCHUR, A. J., et autres. « A Meta-Analytic Review of Predictors of Job Performance for Salespeople », *Journal of Applied Psychology*, août 1998, p. 586-597.

Vérité 7

HOFFMAN, B. J. et D. J. WOEHR. « A Quantitative Review of the Relationship Between Person-Organization Fit and Behavioral Outcomes », *Journal of Vocational Behavior*, juin 2006, p. 389–399.

KRISTOF, A. L. « Person-Organization Fit: An Integrative Review of Its Conceptualizations, Measurement, and Implications », *Personnel Psychology*, printemps 1996, p. 1–49.

O'REILLY, C. A. III, J. CHATMAN et D. F. CALDWELL. « People and Organizational Culture: A Profile Comparison Approach to Assessing Person-Organization Fit », Academy of Management Journal, septembre 1991, p. 487–516.

SCHNEIDER, B., H. W. GOLDSTEIN et D. B. SMITH. « The ASA Framework: An Update », *Personnel Psychology*, hiver 1995, p. 747–773.

SCHNEIDER, B., et autres. « Personality and Organizations: A Test of the Homogeneity of Personality Hypothesis », *Journal of Applied Psychology*, juin 1998, p. 462–470.

Vérité 8

ALLEN, D. G. « Do Organizational Socialization Tactics Influence Newcomer Embeddedness and Turnover? », *Journal of Management*, avril 2006, p. 237–256.

KAMMEYER-MUELLER, J. D. et C. R. WANBERG. « Unwrapping the Organizational Entry Process: Disentangling Multiple Antecedents and Their Pathways to Adjustment », *Journal of Applied Psychology*, octobre 2003, p. 779–794

KIM, T-Y, D. M. CABLE et S-P KIM. « Socialization Tactics, Employee Proactivity, and Person-Organization Fit », *Journal of Applied Psychology*, mars 2005, p. 232–241.

SCHEIN, E. H. « Organizational Culture », *American Psychologist*, février 1990, p. 116.

VAN MAANEN, J. « People Processing: Strategies of Organizational Socialization », *Organizational Dynamics*, été 1978, p. 19–36.

Vérité 9

REINHARTH, L. et M. A. WAHBA. « Expectancy Theory as a Predictor of Work Motivation, Effort Expenditure, and Job Performance », *Academy of Management Journal*, septembre 1975, p. 502–537.

VAN EERDE, W. et H. THIERRY. « Vroom's Expectancy Models and Work-Related Criteria: A Meta-Analysis », *Journal of Applied Psychology*, octobre 1996, p. 575–586.

VROOM, V. H. *Work and Motivation,* New York, John Wiley, 1964.

Vérité 10
FISHER, C. D. « Why Do Lay People Believe that Satisfaction and Performance are Correlated? Possible Sources of a Commonsense Theory », *Journal of Organizational Behavior,* septembre 2003, p. 753–777.

IAFFALDANO, M. T. et P. M. MUCHINSKY. « Job Satisfaction and Job Performance: A Meta-Analysis », *Psychological Bulletin,* mars 1985, p. 251–273.

JUDGE, T. A., et autres. « The Job Satisfaction-Job Performance Relationship: A Qualitative and Quantitative Review », *Psychological Bulletin,* mai 2001, p. 376–407.

KATZELL, R. A., D. E. THOMPSON et R. A. GUZZO. « How Job Satisfaction and Job Performance Are and Are Not Linked», dans C. J. CRANNY, P. C. SMITH et E. F. STONE (eds.). *Job Satisfaction*, New York, Lexington Books, 1992, p. 195–217.

PETTY, M. M., G. W. MCGEE et J. W. CAVENDER. « A Meta-Analysis of the Relationship Between Individual Job Satisfaction and Individual Performance », *Academy of Management Review,* octobre 1984, p. 712–721.

Vérité 11
LOCKE, E. A. « Motivation Through Conscious Goal Setting », *Applied and Preventive Psychology,* vol. 5, 1996, p. 117–124.

LOCKE, E. A. et G. P. LATHAM. « Building a Practically Useful Theory of Goal Setting and Task Motivation », *American Psychologist*, septembre 2002, p. 705–717.

LOCKE E. A. et G. P. LATHAM. *A Theory of Goal Setting and Task Performance,* Upper Saddle River, New Jersey, Prentice Hall, 1990.

WOFFORD, J. C., V. L. GOODWIN et S. PREMACK. « Meta-Analysis of the Antecedents of Personal Goal Level and of the Antecedents and Consequences of Goal Commitment », *Journal of Management,* vol. 18, n° 3, 1992, p. 595–615.

Vérité 12
COLLINS, D. « The Ethical Superiority and Inevitability of Participatory Management as an Organizational System », *Organization Science,* septembre-orctobre 1997, p. 489–507.

EREZ, M., P. C. EARLEY et C. L. HULIN. « The Impact of Participation on Goal Acceptance and Performance: A Two-Step Model », *Academy of Management Journal,* mars 1985, p. 50–66.

HELLER, F., E. PUSIC, G. STRAUSS et B. WILPERT. *Organizational Participation: Myth and Reality*, Oxford, Oxford University Press, 1998.

WAGNER, J. A. III. « Participation's Effects on Performance and Satisfaction: A Reconsideration of Research Evidence », *Academy of Management Review*, avril 1994, p. 312–330.

Vérité 13
ABUHAMDEH, S. et J. NAKAMURA. « Flow », dans A. J. ELLIOT et C. S. DWECK (eds.), *Handbook of Competence and Motivation*, New York, Guilford Publications, 2005, p. 598–608.

CSIKSZENTMIHALYI. M. *Flow: The Psychology of Optimal Experience*, New York, HarperCollins, 1990.

CSIKSZENTMIHALYI, M. *Finding Flow*, New York, Basic Books, 1997.

Vérité 14
ALESSANDRA, T. et P. HUNSAKER. *Communicating at Work*, New York, Simon & Shuster, 1993, p. 86–90.

Vérité 15
« The Cop-Out Cops », *National Observer*, 3 août 1974.

KERR, S. « On the Folly of Rewarding A, While Hoping for B », *Academy of Management Executive*, février 1995, p. 7–14.

Vérité 16
ADAMS, J. S. « Inequity in Social Exchanges », dans L. BERKOWITZ (ed.). *Advances in Experimental Social Psychology*, New York, Academic Press, 1965, p. 267–300.

MOWDAY, R. T. « Equity Theory Predictions of Behavior in Organizations », dans R. STEERS, L. W. PORTER et G. BIGLEY (eds.), *Motivation and Work Behavior*, 6e édition, New York, McGraw-Hill, 1996, p. 111–131.

SIMONS, T. et Q. ROBERSON. « Why Managers Should Care About Fairness: The Effects of Aggregate Justice Perceptions on Organizational Outcomes », *Journal of Applied Psychology*, juin 2003, p. 432–443.

WERNER, S. et N. P. MERO. « Fair or Foul? The Effects of External, Internal, and Employee Equity on Changes in Performance of Major League Baseball Players », *Human Relations*, octobre, 1999, p. 1291–1312.

Vérité 17
BERTA, D. « Chic-fil-A Franchisee Gives Out Scholarships, Gets Devoted Workers », *Nation's Restaurant News*, 8 avril 2002, p. 16.

CRONIN, M. P. « One Life to Live », *INC*, juillet 1993, p. 56–60.

HAGE, D. et J. IMPOCO. « Jawboning the Jobs », *U.S. News & World Report*, 9 août 1993, p. 53.

LUNDIN, S. C., H. PAUL et J. CHRISTENSEN. *Fish!*, New York, Hyperion, 2000.

SPURGEAON, D. « Your Career Matters: Fast-Food Industry Pitches "Burger-Flipping" as Career—To Cut Turnover, Companies Lure Employees with Stock, Insurance, 401(k)s », *Wall Street Journal*, 29 mai 2001, p. B1.

Vérité 18

BLUMBERG, M. et C. D. PRINGLE. « The Missing Opportunity in Organizational Research: Some Implications for a Theory of Work Performance », *Academy of Management Review*, octobre 1982, p. 560–569.

HALL, J. « Americans Know How to Be Productive If Managers Will Let Them », *Organizational Dynamics*, hiver 1994, p. 33–46.

LINGARD, H. et V. FRANCIS. « Does a Supportive Work Environment Moderate the Relationship Between Work-Family Conflict and Burnout Among Construction Professionals? », *Construction Management & Economic*, vol. 24, nᵒ 2, 2006, p. 185–196.

Vérité 19

BARTOLOME, F. « Nobody Trusts the Boss Completely—Now What? », *Harvard Business Review*, mars-avril 1989, p. 135–142.

CUNNINGHAM, J. et J. MACGREGOR. « Trust and the Design of Work: Complementary Constructs in Satisfaction and Performance », *Human Relations*, décembre 2000, p. 1575–1591.

DIRKS, K. T. et D. L. FERRIN. « Trust in Leadership: Meta-Analytic Findings and Implications for Research and Practice », *Journal of Applied Psychology*, août 2002, p. 611–628.

GALFORD, R. et A. S. DRAPEAU. *The Trusted Leader*, New York, Free Press, 2003.

SCHINDLER, P. L. et C. C. THOMAS. « The Structure of Interpersonal Trust in the Workplace », *Psychological Reports*, octobre 1993, p. 563–573.

SCHOORMAN, F. D., R. C. MAYER et J. H. DAVIS. « An Integrative Model of Organizational Trust: Past, Present, and Future », *Academy of Management Review*, avril 2007, p. 344–354.

Vérité 20

FIEDLER, F. E. « Leadership Experience and Leadership Performance: Another Hypothesis Shot to Hell », *Organizational Behavior and Human Performance*, janvier 1970, p. 1–14.

FIEDLER, F. E. « Time-Based Measures of Leadership Experience and Organizational Performance: A Review of Research and a Preliminary Model », *Leadership Quarterly*, printemps 1992, p. 5–23.

QUINONES, M. A., J. K. FORD et M. S. TEACHOUT. « The Relationship Between Work Experience and Job Performance: A Conceptual and Meta-Analytic Review », *Personnel Psychology*, hiver 1995, p. 887–910.

Vérité 21

CHERULNIK, P. D. « Physical Appearance, Social Skill, and Performance as a Leadership Candidate », *Basic and Applied Social Psychology*, avril 1995, p. 287–295.

HASLAM, S. A., et autres. « Social Identity and the Romance of Leadership: The Importance of Being Seen to Be " Doing It for Us " », *Group Processes & Intergroup Relations*, juillet 201, p. 191–205.

LORD, R. G., C. L. DEVADER et G. M. ALLIGER. « A Meta-Analysis of the Relation Between Personality Traits and Leadership Perceptions: An Application of Validity Generalization Procedures », *Journal of Applied Psychology*, août 1986, p. 402–410.

MEINDL, J. R., S. B. EHRLICH et J. M. DUKERICH. « The Romance of Leadership », *Administrative Science Quarterly*, mars 1985, p. 78–102.

TAW, B. M. et J. ROSS. « Commitment in an Experimenting Society: A Study of the Attribution of Leadership from Administrative Scenarios », *Journal of Applied Psychology*, juin 1980, p. 249–260.

Vérité 22

BARONE, M. « A Knack For Framing », *U.S. News & World Report*, 8 septembre 2003, p. 23.

DUNHAM, R. S. « When Is a Tax Cut Not a Tax Cut? », *Business Week*, 19 mars 2001, p. 38–39.

ENTMAN, R. M. « Framing: Toward Clarification of a Fractured Paradigm », *Journal of Communication*, automne 1993, p. 51–58.

FAIRHURST, G. T. et R. A. SARR. *The Art of Framing: Managing the Language of Leadership*, San Francisco, Jossey-Bass, 1996.

Vérité 23

EDEN, D. « Leadership and Expectations: Pygmalion Effects and Other Self-Fulfilling Prophecies in Organizations », Leadership Quarterly, hiver 1992, p. 271-305.

EDEN, D. « Self-Fulfilling Prophecies in Organizations », dans J. GREENBERG (ed.), *Organizational Behavior: The State of the Science*, 2e édition, Mahwah, New Jersey, Erlbaum, 2003, p. 91-122.

EDEN, D. et A. B. SHANI. « Pygmalion Goes to Boot Camp: Expectancy, Leadership, and Trainee Performance », *Journal of Applied Psychology*, avril 1982, p. 194-199.

Vérité 24

CONGER, J. A. et R. N. KANUNGO (eds.). *Charismatic Leadership in Organizations*, Thousand Oaks, Californie, Sage, 1998.

HOWELL, J. M. et P. J. FROST. « A Laboratory Study of Charismatic Leadership », *Organizational Behavior and Human Decision Processes*, avril 1989, p. 243-269.

TOWLER, A. J. *The Language of Charisma: The Effects of Training on Attitudes, Behavior, and Performance*. Mémoire, Université Rice, 2002.

Vérité 25

EMERSON, R. E. « Power-Dependence Relations », *American Sociological Review*, vol. 2, 1962, p. 31-41.

MINTZBERG, H. *Power In and Around Organizations*, Upper Saddle River, New Jersey, Prentice Hall, 1983.

Vérité 26

HOUSE, R. J., et autres. « Understanding Cultures and Implicit Leadership Theories Across the Globe: An Introduction to Project GLOBE », *Journal of World Business*, printemps 2002, p. 3-10.

Military-Style Management in China, Asia Inc., mars 1995, p. 70.

PETERSON, M. F. et J. G. Hunt. « International Perspectives on International Leadership », *Leadership Quarterly*, automne 1997, p. 203-231.

Vérité 27

KERR, S. et J. M. JERMIER. « Substitutes for Leadership: Their Meaning and Measurement », *Organizational Behavior and Human Performance*, décembre 1978, p. 375-403.

USEEM, J. « Conquering Vertical Limits », *Fortune*, 19 février 2001, p. 94.

DE VRIES REINOUT, E., R. A. ROE et T. C. B. TAILLIEU. « Need for Leadership as a Moderator of the Relationships Between Leadership and Individual Outcomes », *Leadership Quarterly*, avril 2002, p. 121–138.

Vérité 28
ROBBINS, S. P. et P. L. HUNSAKER. *Training in InterPersonal Skills: TIPS for Managing People at Work*, 4e édition, Upper Saddle River, New Jersey, Prentice Hall, 2006, p. 68–71.

Vérité 29
DAFT, R. L. et R. H. LENGEL. « Information Richness: A New Approach to Managerial Behavior and Organization Design », dans B. M. STAW et L. L. CUMMINGS (eds.), *Research in Organizational Behavior*, vol. 6, Greenwich, Connecticut, JAI Press, 1984, p. 191–233.

STRAUSS, S. G. et J. E. McGRATH. « Does the Medium Matter? The Interaction of Task Type and Technology on Group Performance and Member Reaction », *Journal of Applied Psychology*, février 1994, p. 87–97.

WONG, E. « A Stinging Office Memo Boomerangs », *New York Times*, 5 avril 2001, p. C1.

Vérité 30
HIRSCHHORN, L. « Managing Rumors », dans L. HIRSCHHORN (ed.), *Cutting Back*, San Francisco, Jossey-Bass, 1983.

KURLAND, N. B. et L. H. PELLED. « Passing the Word: Toward a Model of Gossip and Power in the Workplace », *Academy of Management Review*, avril 2000, p. 428–438.

MCKAY, B. « At Coke, Layoffs Inspire All Manner of Peculiar Rumors », *Wall Street Journal*, 17 octobre 2000, p. A1.

NICHOLSON, N. « The New Word on Gossip », *Psychology Today*, juin 2001, p. 41–45.

NOON, M. et R. DELBRIDGE. « News from Behind My Hand: Gossip in Organizations », *Organization Studies*, vol. 14, no 1, 1993, p. 23–36.

ROSNOW, R. L. et G. A. FINE. *Rumor and Gossip: The Social Psychology of Hearsay*, New York, Elsevier, 1976.

SIERRA, L. « Tell It to the Grapevine », *Communication World*, juin-juillet 2002, p. 28–29.

Vérité 31
TANNEN, D. *Talking from 9 to 5*, New York, William Morrow, 1995.

TANEN, D. « Talking Past One Another: "But What Do You Mean?" Women and Men in Conversation », dans J. M. HENSLIN (ed.). *Down to Earth Sociology: Introductory Readings*, 12ᵉ édition, New York, Free Press, 2003, p. 175-181.

TANNEN, D. *You Just Don't Understand: Women and Men in Conversation*, New York, Ballentine Books, 1991.

Vérité 32
BANDURA, A. *Social Learning Theory*, Upper Saddle River, New Jersey, Prentice Hall, 1977.

Vérité 33
CAMPION, M. A., E. M. PAPPER et G. J. MEDSKER. « Relations Between Work Team Characteristics and Effectiveness: A Replication and Extension », *Personnel Psychology*, été 1996, p. 429-452.

COHEN, S. G. et D. E. BAILEY. « What Makes Teams Work: Group Effectiveness Research from the Shop Floor to the Executive Suite », *Journal of Management*, vol. 23, nº 3, 1997, p. 239-290.

HACKMAN, J. R. *Leading Teams: Setting the Stage for Great Performance*, Boston, Harvard Business School Press, 2002.

HINDS, P. J., K. M. CARLEY, D. KRACKHARDT et D. WHOLEY. « Choosing Work Group Members: Balancing Similarity, Competence, and Familiarity », *Organizational Behavior and Human Decision Processes*, mars 2000, p. 226-251.

HYATT, D. E. et T. M. RUDY. « An Examination of the Relationship Between Work Group Characteristics and Performance: Once More Into the Breach », *Personnel Psychology*, automne 1997, p. 553-585.

NEUMAN, G. A. et J. WRIGHT. « Team Effectiveness: Beyond Skills and Cognitive Ability », *Journal of Applied Psychology*, juin 1999, p. 376-389.

PEETERS, M. A. G., et autres. « Personality and Team Performance: A Meta-Analysis », *European Journal of Personality*, août 2006, p. 377-396.

STEWART, G. L. et M. R. BARRICK. « Team Structure and Performance: Assessing the Mediating Role of Intrateam Process and the Moderating Role of Task Type », *Academy of Management Journal*, avril 2000, p. 135-148.

Vérité 34
COMER, D. R. « A Model of Social Loafing in Real Work Groups », *Human Relations*, juin 1995, p. 647-667.

KARAU, S. J. et K. D. WILLIAMS. « Social Loafing: A Meta-Analytic Review and Theoretical Integration », *Journal of Personality and Social Psychology,* octobre 1993, p. 681–706.

LATANE, B., K. WILLIAMS et S. HARKINS. « Many Hands Make Light the Work: The Causes and Consequences of Social Loafing », dans J. M. LEVINE et R. L. MORELAND (eds.), *Small Groups,* New York, Psychology Press, 2006.

LIDEN, R. C., et autres. « Social Loafing: A Field Investigation », *Journal of Management,* avril 2004, p. 285–304.

MURPHY, S. M., S. J. Wayne, R. C. Liden et B. Erdogan. « Understanding Social Loafing: The Role of Justice Perceptions and Exchange Relationships », *Human Relations,* janvier 2003, p. 61–84.

Vérité 35

FELPS W. et T. R. MITCHELL. « How, When, and Why Bad Apples Spoil the Barrel: Negative Group Members and Dysfunctional Groups », dans R. M. KRAMER et B. M. STAW (eds.), *Research in Organizational Behavior* vol. 29, Greenwich, Connecticut, JAI Press, 2007.

Vérité 36

GREENBERG J. « Equity and Workplace Status: A Field Experiment », *Journal of Applied Psychology,* novembre 1988, p. 606–613.

HEADLAM, B. « How to E-Mail Like a C.E.O », *New York Times Magazine,* 8 avril 2001, p. 7–8.

Vérité 37

DISKEL, J. E., et autres. « What Makes a Good Team Player? Personality and Team Effectiveness », *Group Dynamics: Theory, Research, and Practice,* décembre 2006, p. 249–271.

PRIETO, J. « The Team Perspective in Selection and Assessment », dans H. SCHULER, J. L. FARR, et M. SMITH (eds.), *Personnel Selection and Assessment: Industrial and Organizational Perspectives,* Hillsdale, New Jersey, Erlbaum, 1994.

SINCLAIR, A. « The Tyranny of a Team Ideology », *Organization Studies,* vol. 13, n° 4, 1992, p. 611–626.

Vérité 38

DEDREU, C. K. W. et L. R. WEINGART. « Task Versus Relationship Conflict, Team Performance, and Team Member Satisfaction: A Meta-Analysis », *Journal of Applied Psychology,* août 2003, p. 741–749.

JEHN, K. A. « A Qualitative Analysis of Conflict Types and Dimensions in Organizational Groups », *Administrative Science Quarterly*, septembre 1997, p. 530–557.

JEHN, K. A. et E. A. MANIX. « The Dynamic Nature of Conflict: A Longitudinal Study of Intragroup Conflict and Group Performance », *Academy of Management Journal*, avril 2001, p. 238–251.

NEMETH, C. J., J. B. CONNELL, J. D. ROGERS et K. S. BROWN. « Improving Decision Making by Means of Dissent », *Journal of Applied Social Psychology*, janvier 2001, p. 48–58.

ROBBINS, S. P. *Managing Organizational Conflict: A Nontraditional Approach*, Upper Saddle River, New Jersey, Prentice Hall, 1974.

Vérité 39

JANIS, I. L. *Groupthink: Psychological Studies of Policy Decisions and Fiascoes*, 2e édition, Boston, Houghton Mifflin, 1982.

MOORHEAD, G., R. FERENCE et C. P. NECK. « Group Decision Fiascos Continue: Space Shuttle Challenger and a Revised Groupthink Framework », *Human Relations*, mai 1991, p. 539–550.

PARK, W. « A Comprehensive Empirical Investigation of the Relationships Among Variables of the Groupthink Model », *Journal of Organizational Behavior*, décembre 2000, p. 873–887.

PARK, W. « A Review of Research on Groupthink », *Journal of Behavioral Decision Making*, juillet 1990, p. 229–245.

« United States Senate Select Committee on Intelligence: Report on Pre-Iraq War Intelligence ». CBC News Online, 9 juillet 2004.

Vérité 40

BARNETT, R. C. et D. T. HALL. « How to Use Reduced Hours to Win the War for Talent », *Organizational Dynamics*, vol. 29, n° 3, 2001, p. 192–210.

CAPPELLI, P., J. CONSTANINE et C. CHADWICK. « It Pays to Value Family: Work and Family Tradeoffs Reconsidered », *Industrial Relations*, avril 2000, p. 175–198.

FORD, M. T., B. A. HEINEN et K. L. LANGKAMER. « Work and Family Satisfaction and Conflict: A Meta-Analysis of Cross-Domain Relations », *Journal of Applied Psychology*, janvier 2007, p. 57–80.

MAUNO, S., U. KINNUNEN et M. RUOKOLAINEN. « Exploring Work-and Organization-Based Resources as Moderators Between Work-Family Conflict, Well-Being, and Job Attitudes », *Work & Stress*, juillet–septembre 2006, p. 210–233.

OGLESBY, C. « More Options for Moms Seeking Work-Family Balance », cnn.com, 10 mai 2001.

« 100 Best Companies to Work For », *Fortune*, 22 janvier 2007.

Vérité 41
FISHER, R. et W. URY. *Getting to Yes: Negotiating Agreement Without Giving In*, New York, Penguin Books, 1986.

THOMPSON, L. *The Truth About Negotiating*, Upper Saddle River, New Jersey, Prentice Hall PTR, 2008.

Vérité 42
BEHSON, S. J., E. R. Eddy et S. J. LORENZET. « The Importance of the Critical Psychological States in the Job Characteristics Model: A Meta-Analytic and Structural Equations Modeling Examination », *Current Research in Social Psychology*, mai 2000, p. 170–189.

SIMS, H. P. et A. D. SZILAGYI. « Job Characteristic Relationships: Individual and Structural Moderators », *Organizational Behavior and Human Performance*, juin 1976, p. 211–230.

WANOUS, J. P. « Individual Differences and Reactions to Job Characteristics », *Journal of Applied Psychology*, octobre 1974, p. 616–622.

Vérité 43
HACKMAN, J. R. « Work Design », dans J. R. HACKMAN et J. L SUTTLE (eds.), *Improving Life at Work*, Santa Monica, Californie, Goodyear, 1977, p. 132–133.

Vérité 44
BURKA, R. J. « Why Performance Appraisal Systems Fail », *Personnel Administration*, juin 1972, p. 32–40.

MEYER, H. H. « A Solution to the Performance Appraisal Feedback Enigma », *Academy of Management Executive*, février 1991, p. 68–76.

Vérité 45
KELLEY, H. H. « Attribution in Social Interaction », dans E. JONES et autres (eds.). *Attribution: Perceiving the Causes of Behavior*, Morristown, New Jersey, General Learning Press, 1972.

Vérité 46
BRETT, J. F. et L. E. ATWATER. « 360-Degree Feedback: Accuracy, Reactions, and Perceptions of Usefulness », *Journal of Applied Psychology*, octobre 2001, p. 930–942.

FACTEAU, J. D. et S. B. CRAIG. « Are Performance Ratings from Different Rating Sources Compatible? », *Journal of Applied Psychology*, avril 2001, p. 215–227.

« Feedback, Feedback Everywhere... But How Effective Is the 360-Degree Approach? », *Training Strategies for Tomorrow*, novembre-décembre 2002, p. 19–23.

PEIPERL, M. A. « Getting 360 Feedback Right », *Harvard Business Review*, janvier 2001, p. 142–147.

TORNOW, W. W. et M. LONDON (eds.). *Maximizing the Value of 360-Degree Feedback*, San Francisco, Jossey-Bass, 1998.

Vérité 47
NADLER, D. A. « The Effective Management of Organizational Change », dans J. W. LORSCH (ed.), *Handbook of Organizational Behavior*, Upper Saddle River, New Jersey, Prentice Hall, 1987, p. 358–369.

STEBEL, P. « Why Do Employees Resist Change? », *Harvard Business Review*, mai-juin 1996, p. 86–92.

Vérité 48
CHIU, W. C. K., A. W. CHAN, E. SNAPE et T. REDMAN. « Age Stereotypes and Discriminatory Attitudes Towards Older Workers: An East-West Comparison », *Human Relations*, mai 2001, p. 629–661.

DAVIES, D. R., G. MATTHEWS et C. S. K. WONG. « Ageing and Work », dans C. L. COOPER et I. T. ROBERTSON (eds.), *International Review of Industrial and Organizational Psychology*, vol. 6, Chichester, Angleterre, Wiley, 1991, p. 159–165.

WRENN, K. A. et T. J. MAURER. « Beliefs About Older Workers' Learning and Development Behavior in Relation to Beliefs About Malleability of Skills, Age-Related Decline, and Control », *Journal of Applied Social Psychology*, vol. 34, n° 2, 2004, p. 223–242.

Vérité 49
COTTON, J. L. *Employee Involvement. Newbury Park*, Californie, Sage, 1993.

KOTTER, J. P. et L. A. SCHLESINGER. « Choosing Strategies for Change », *Harvard Business Review*, mars-avril 1979, p. 106–114.

Vérité 50
BARDACK, N. R. et F. T. MCANDREW. « The Influence of Physical Attractiveness and Manner of Dress on Success in a Simulated Personnel Decision », *Journal of Social Psychology*, août 1985, p. 777–778.

DOUGHERTY, T. W., D. B. TURBAN et J. C. CALLENDER. « Confirming First Impressions in the Employment Interview: A Field Study of Interviewer Behavior », *Journal of Applied Psychology*, octobre 1994, p. 659-665.

LONDON, M. et M. D. HAKEL. « Effects of Applicant Stereotypes, Order, and Information on Interview Impressions », *Journal of Applied Psychology*, avril 1974, p. 157-162.

MACAN, T. M. et R. L. DIPBOYE. « The Relationship of the Interviewers' Preinterview Impressions to Selection and Recruitment Outcomes », *Personnel Psychology*, automne 1990, p. 745-769.

Vérité 51

ASHKANASY, N. M. et C. S. DAUS. « Emotion in the Workplace: The New Challenge for Managers », *Academy of Management Executive*, février 2002, p. 76-86.

ASHKANASY, N. M., C. E. J. HARTEL et W. J. ZERBE (eds.). *Emotions in the Workplace: Research, Theory, and Practice*, Westport, Connecticut, Quorum Books, 2000.

BAR-ON, R. et J. D. A. PARKER (eds.). *The Handbook of Emotional Intelligence: Theory, Development, Assessment, and Application at Home, School, and in the Workplace*, San Francisco, Jossey-Bass, 2000.

BASADE, S. G. et D. E. GIBSON. « Why Does Affect Matter in Organizations? », *Academy of Management Perspectives*, février 2007, p. 36-59.

FINEMAN, S. *Understanding Emotion at Work*, Londres, Sage, 2003.

Vérité 52

DALTON, D. R., W. D. TODOR et D. M. KRACKHARDT. « Turnover Overstated: The Functional Taxonomy », *Academy of Management Review*, janvier 1982, p. 117-123.

GLEBEEK, A. C. et E. H. BAX. « Is High Employee Turnover Really Harmful? An Empirical Test Using Company Records », *Academy of Management Journal,* avril 2004, p. 277-286.

HOLLENBECK, J. R. et C. R. WILLIAMS. « Turnover Functionality Versus Turnover Frequency: A Note on Work Attitudes and Organizational Effectiveness », *Journal of Applied Psychology*, novembre 1986, p. 606-611.

JONES, D. « More Firms Cut Workers Ranked at Bottom to Make Way for Talent », *USA Today*, 30 mai 2001, p. 1B.

SHAW, J. D., N. GUPTA et J. E. DELERY. « Alternative Conceptualizations of the Relationship Between Voluntary Turnover and Organizational Performance », *Academy of Management Journal*, février 2005, p. 50–68.

Vérité 53
GIBSON, J. W. et D. V. TESONE. « Management Fads: Emergence, Evolution, and Implications for Managers », *Academy of Management Executive*, novembre 2001, p. 122–133.

JACKSON, B. *Management Gurus and Management Fashions: A Dramatistic Inquiry*, Londres, Routledge, 2001.

MCGILL, M. E. *American Business and Quick Fix*, New York, Henry Holt, 1988.

ROUSSEAU, D. M. et S. MCCARTHY. « Educating Managers from an Evidence-Based Perspective », *Academy of Management Learning & Education*, mars 2007, p. 84–101.

STAW, B. M. et L. D. EPSTEIN. « What Bandwagons Bring: Effects of Popular Management Techniques on Corporate Performance, Reputation, and CEO Pay », *Administrative Science Quarterly*, septembre 2000, p. 523–556.